# Orla

# Biografías
## de grandes
# cristianos

*Tomo 1*

Traducción al castellano: Shily Kjellgreen

**EDITORIAL**
# Vida

ISBN 0-8297-1342-5

Categoría: Biografías
Este libro fue publicado en portugués con el título
*Heróis da fé* por Emprevan Editora.

Traducido por Shilly Kjellgreen

Edición en idioma español
© 1983 EDITORIAL VIDA
Deerfield, Florida 33442-8134

Sexta impresión, 6/90   3M · KP

Cubierta diseñada por Ana María Bowen

# INDICE

# EL MISTERIO DE LOS GRANDES CRISTIANOS

"Visité el viejo templo de Nueva Inglaterra, donde Jonatán Edwards predicó su conmovedor sermón: *Pecadores en las manos de un Dios airado*. Edwards sostenía el manuscrito tan cerca de los ojos, que los oyentes no podían verle el rostro. Sin embargo, al acabar la lectura, el gran auditorio estaba conmovido. Un hombre corrió hacia él clamando: '¡Señor Edwards, tenga compasión!' Otros se agarraban de los bancos pensando que iban a caer en el infierno. Vi cómo se abrazaban a las columnas para sostenerse, pensando que había llegado el juicio final.

"El poder de aquel sermón aún tiene un gran impacto en el mundo entero. Pero conviene conocer algo más de su historia, la parte que generalmente se suprime. Durante tres días Edwards no había tomado ningún alimento, y por tres noches no había dormido. Había rogado a Dios sin cesar: '¡Dame la Nueva Inglaterra!' Después de levantarse de orar, cuando se dirigía al púlpito, uno de los allí presentes dijo que su semblante era como de quien, por algún tiempo, hubiera estado contemplando el rostro de Dios. Aun antes de abrir la boca para pronunciar la primera palabra, la convicción del Espíritu Santo cayó sobre el auditorio."

Fue así como se expresó J. Wilbur Chapman en sus

escritos sobre Jonatán Edwards. Con todo, ese célebre predicador no fue el único que luchó con Dios en oración. Al contrario, después de leer cuidadosamente las biografías de algunos de los más destacados personajes de la Iglesia de Cristo, llegamos a la conclusión de que nunca se puede atribuir, con razón, su éxito únicamente a sus propios talentos y su fuerza de voluntad. Por cierto, un biógrafo que no cree en el valor de la oración, ni conoce el poder del Espíritu Santo que obra en el corazón, no menciona que la oración sea el verdadero misterio de la grandeza de muchos cristianos.

Leímos, por ejemplo, dos libros bien escritos, sobre la vida de Adoniram Judson. Cuando estábamos por llegar a la conclusión de que había algunos verdaderos héroes en la Iglesia, realmente grandes por sí mismos, encontramos otra biografía escrita por uno de sus hijos, Eduardo Judson. En esa valiosa obra se descubre que aquel talentoso misionero pasaba diariamente horas de la madrugada y de la noche en íntima comunión con Dios.

¿Cuál es entonces el misterio del increíble éxito de los grandes cristianos en la Iglesia de Cristo? No hay en esto ningún misterio para aquellos que andan con Dios en oración, como anduvieron esos hombres.

Expresamos nuestro profundo agradecimiento a los siguientes escritores, cuyas obras nos sirvieron de inspiración para escribir estas biografías:

Jerónimo Savonarola: Lawson

Martín Lutero: Lindsay, Schonberg-Cota, Arandas, Miler, Singmaster, Morrison, Lima, Olson, Stewart, Canuto, Saussure, Knigt-Anglin y Frodsham.

Juan Bunyan: Guilliver y Lawson.

Jonatán Edwards: Allen, Hickman y Howard.

Juan Wesley: Beltz, Lawson, Telford, Miller, Fitchet, Winchester, Joy y Buyers.

Jorge Whitefield: Gledstone, Lawson y Olson.

David Brainerd: Smith, Harrison, Lawson y Edwards.

Guillermo Carey: Harrison, Dalton, Marshman y Olson.

Christmas Evans: Davis y Lawson.

Enrique Martyn: Harrison y Page.

Adoniram Judson: Harrison y Judson.

Carlos Finney: Day, Beltz y Finney.

Ciertamente, aquí no empleamos la palabra "grande" en el sentido pagano, es decir, de grandes personajes que han sido divinizados. La Biblia habla de "hombres que se han destacado por su valor", de "los valientes", "los fieles", "los vencedores", etc., y sus biografías nos inspiran como los sermones más ardientes, destacados y emocionantes.

¡Cuántos creyentes se contentan con solamente escapar de la perdición! ¡Cuántos ignoran "la abundancia de la bendición del evangelio de Cristo"! (Romanos 15:29.) "La vida en abundancia" (Juan 10:10) es mucho más que la valiosísima salvación, como se ve al leer estas biografías. Que el ejemplo de los grandes cristianos nos induzca a buscar las mismas bendiciones, hasta "que sobreabunden" (Malaquías 3:10).

EL AUTOR

# JERÓNIMO SAVONAROLA

## Precursor de la Gran Reforma

## 1452-1498

Todo el pueblo de Italia afluía a Florencia en número siempre creciente. Las enormes multitudes ya no cabían en el famoso *Duomo*. El predicador Jerónimo Savonarola abrasaba con el fuego del Espíritu Santo, y sintiendo la inminencia del Juicio de Dios, tronaba contra el vicio, el crimen y la corrupción desenfrenada en la propia iglesia. El pueblo abandonó entonces la lectura de las publicaciones mundanas y banales, y comenzó a leer los sermones del fogoso predicador; dejó de cantar las canciones callejeras y se puso a cantar los himnos de Dios. En Florencia, los niños hicieron procesiones para recoger las máscaras carnavalescas, los libros obscenos y todos los objetos superfluos que servían a la vanidad. Con todos esos objetos formaron en la plaza pública una pirámide de veinte metros de altura, y le prendieron fuego. Mientras esa pirámide ardía, el pueblo cantaba himnos y las campanas de la ciudad repicaban anunciando la victoria.

Si entonces la situación política allí hubiese sido igual a la que hubo después en Alemania, el intrépido y piadoso Jerónimo Savonarola habría sido por cierto el instrumento usado para iniciar el movimiento de la

Gran Reforma, en vez de Martín Lutero. A pesar de todo, Savonarola se convirtió en uno de los osados y fieles heraldos que condujo al pueblo hacia la fuente pura y las verdades apostólicas de las Sagradas Escrituras.

Jerónimo era el tercero de los siete hijos de la familia Savonarola. Sus padres eran personas cultas y mundanas, y gozaban de mucha influencia. Su abuelo paterno era un famoso médico de la corte del Duque de Ferrara, y los padres de Jerónimo deseaban que su hijo llegase a ocupar el lugar del abuelo. En el colegio fue un alumno que se distinguió por su aplicación. Sin embargo, los estudios de la filosofía de Platón, así como de Aristóteles, sólo consiguieron envanecerlo. Sin duda alguna, fueron los escritos del célebre hombre de Dios, Tomás de Aquino, lo que más influencia ejerció en él, además de las propias Escrituras, para que él entregase enteramente su corazón y su vida a Dios. Cuando aún era niño, tenía la costumbre de orar, y a medida que fue creciendo, su fervor en la oración y el ayuno fue en aumento. Pasaba muchas horas seguidas orando. La decadencia de la iglesia, llena de toda clase de vicios y pecados, el lujo y la ostentación de los ricos en contraste con la profunda pobreza de los pobres, le afligían el corazón. Pasaba mucho tiempo solo en los campos y a orillas del río Po, meditando y en contemplación en la presencia de Dios, ya cantando, ya llorando, conforme a los sentimientos que le ardían en el pecho. Siendo él aún muy joven, Dios comenzó a hablarle en visiones. La oración era su mayor consuelo; las gradas del altar, donde permanecía postrado horas enteras, quedaban a menudo mojadas con sus lágrimas.

Hubo un tiempo en que Jerónimo comenzó a enamorar a cierta joven florentina. Sin embargo, cuando la muchacha le hizo comprender que su orgullosa familia Strozzi nunca consentiría su unión con alguien de la familia Savonarola, que ellos despreciaban, Jerónimo abandonó por completo la idea de casarse. Volvió entonces a orar con un fervor creciente. Resentido con el mundo, desilusionado de sus propios anhelos, sin encontrar a nadie que le pudiese aconsejar, y cansado de presenciar las injusticias y perversidades que lo rodeaban, las cuales no podía remediar, resolvió abrazar la vida monástica.

Al presentarse al convento, no pidió el privilegio de hacerse monje, sino solamente que lo aceptasen para realizar los servicios más humildes de la cocina, de la huerta y del monasterio.

En el claustro, Savonarola se dedicó con más ahínco aún a la oración, al ayuno y a la contemplación en la presencia de Dios. Sobresalía entre todos los demás monjes por su humildad, sinceridad y obediencia, por lo que lo designaron para enseñar filosofía, posición que ocupó hasta salir del convento.

Después de haber pasado siete años en el monasterio de Boloña, Fray Jerónimo fue para el convento de San Marcos, en Florencia. Cuando llegó, su desilusión fue muy grande al comprobar que el pueblo florentino era tan depravado como el de cualquier otro lugar. Hasta entonces él todavía no había reconocido que solamente la fe en Cristo es la que salva.

Al completar un año en el convento de San Marcos, fue nombrado instructor de los novicios y, por fin, lo nombraron predicador del monasterio. A pesar de tener a su disposición una excelente biblioteca, Savonarola hacía más y más uso de la Biblia como su libro de instrucción.

Sentía cada vez más el terror y la venganza del Día del Señor, que se aproxima, y a veces se ponía a tronar desde el púlpito, contra la impiedad del pueblo. Eran tan pocos los que asistían a sus predicaciones, que Savonarola resolvió dedicarse enteramente a la instrucción de los novicios. Sin embargo, igual que Moisés, no podía de esa manera escapar al llamamiento de Dios.

Cierto día, al dirigirse a una monja, vio repentinamente, que los cielos se abrieron, y delante de sus ojos pasaron todas las calamidades que sobrevendrán a la Iglesia. Entonces le pareció oír una voz que desde el cielo le ordenaba que anunciara todas esas cosas a la gente.

Convencido de que la visión era del Señor, comenzó nuevamente a predicar con voz de trueno. Bajo una nueva unción del Espíritu Santo, sus sermones en que condenaba al pecado eran tan impetuosos, que muchos de los oyentes se quedaban por algún tiempo aturdidos y sin deseos de hablar en las calles. Era común, durante sus sermones, que se oyesen resonar los sollozos y el llanto de la gente en la iglesia. En otras ocasiones, tanto hombres como mujeres, de todas las edades y de todas las clases sociales, rompían en vehemente llanto.

El fervor de Savonarola en la oración aumentaba día por día y su fe crecía en la misma proporción. Frecuentemente, mientras oraba, caía en éxtasis. Cierta vez, estando sentado en el púlpito, le sobrevino una visión, que lo dejó inmóvil durante cinco horas; mientras tanto su rostro brillaba, y los oyentes que estaban en la iglesia lo contemplaban.

En todas partes donde Savonarola predicaba, sus sermones contra el pecado producían profundo terror. Los hombres más cultos comenzaron entonces a asistir a sus predicaciones en Florencia; fue necesario realizar las reuniones en el *Duomo*, famosa catedral, donde continuó predicando durante ocho años. La gente se levantaba a media noche y esperaba en la calle hasta la hora en que abrían la catedral.

El corrompido regente de Florencia, Lorenzo de Médicis, trató por todos los medios posibles, como la lisonja, las dádivas de cohecho, las amenazas y los ruegos, inducir a Savonarola a que desistiese de predicar contra el pecado, y especialmente contra las perversidades del regente. Por fin, viendo que todo era inútil, contrató al famoso predicador Fray Mariano para que predicase contra Savonarola. Fray Mariano predicó un sermón, pero el pueblo no le prestó atención a su elocuencia y astucia, por lo que Fray Mariano no se atrevió a predicar más.

Fue en ese tiempo que Savonarola profetizó que Lorenzo, el Papa y el rey de Nápoles iban a morir dentro de un año, lo que efectivamente sucedió.

Después de la muerte de Lorenzo, Carlos VIII de Francia invadió a Italia y la influencia de Savonarola aumentó todavía más. La gente abandonó la literatura banal y mundana para leer los sermones del famoso predicador. Los ricos socorrían a los pobres en vez de oprimirlos. Fue en ese tiempo que el pueblo preparó una gran hoguera en la *"piazza"* (plaza) de Florencia y quemó una gran cantidad de artículos usados para fomentar vicios y vanidades. En la gran catedral *Duomo* ya no cabían más los inmensos auditorios.

Sin embargo, el éxito de Savonarola fue muy breve. El predicador fue amenazado, excomulgado y, por fin, en el año 1498, por orden del Papa, fue ahorcado y su cadáver quemado en la plaza pública. Pronunciando las palabras: "¡El Señor sufrió tanto por mí!" terminó la vida terrestre de uno de los más grandes y más abnegados mártires de todos los tiempos.

A pesar de que hasta la hora de su muerte él sustentó muchos de los errores de la Iglesia Romana, enseñaba que todos los que son realmente creyentes están en la verdadera iglesia. Continuamente alimentaba su alma con la Palabra de Dios. Los márgenes de las páginas de su Biblia están llenos de notas escritas mientras meditaba en las Escrituras. Conocía de memoria una gran parte de la Biblia y podía abrir el libro y hallar al instante cualquier texto. Pasaba noches enteras orando, y tuvo la gracia de recibir algunas revelaciones mediante éxtasis o visiones. Sus libros sobre "La humildad", "La oración", "El amor", etc., continúan ejerciendo gran influencia sobre los hombres. Destruyeron el cuerpo de ese precursor de la Gran Reforma, pero no pudieron apagar las verdades que Dios, por su intermedio, grabó en el corazón del pueblo.

# MARTIN LUTERO

## El gran reformador

## 1483-1546

Juan Hus dijo en la cárcel, cuando fue sentenciado por el Papa a ser quemado vivo: "Pueden matar el ganso (en su lengua 'hus' quiere decir ganso), pero dentro de cien años aparecerá un cisne que no podrán quemar."

Mientras caía la nieve y el viento helado aullaba como una fiera alrededor de la casa, nació ese "cisne", en Eisleben, Alemania. Al día siguiente el recién nacido fue bautizado en la Iglesia de San Pedro y San Pablo, y como era ése el día de San Martín, el pequeño recibió el nombre de Martín Lutero.

Ciento dos años después de que Juan Hus expirara en la hoguera, el "cisne" fijó en la puerta de la iglesia de Wittenberg, sus noventa y cinco tesis contra la venta de indulgencias, hecho que dio origen a la Gran Reforma. Juan Hus se equivocó en sólo dos años en su predicción.

Para dar el debido valor a la obra de Martín Lutero, es necesario recordar el obscurantismo y la confusión que reinaban en la época en que él nació.

Se calcula que por lo menos un millón de albigenses habían sido muertos en Francia en cumplimiento de una orden del Papa, de que esos "herejes" (que sustentaban la Palabra de Dios) fuesen cruelmente exterminados. Wycliffe, "la Estrella del Alba de la Reforma", había traducido la Biblia a la lengua inglesa. Juan Hus, discípulo de Wycliffe, había muerto en la hoguera en Bohemia suplicando al Señor que perdonase a sus perseguidores. Jerónimo de Praga, compañero de Hus y también un erudito, había sufrido el mismo suplicio cantando himnos en las llamas hasta que exhaló su último suspiro. Juan Wessel, un notable predicador de Erfurt, había sido encarcelado por enseñar que la salvación se obtiene por gracia. Aprisionaron su frágil cuerpo entre hierros, donde murió cuatro años antes del nacimiento de Lutero. En Italia, quince años después del nacimiento de Lutero, Savonarola, un hombre dedicado a Dios y fiel predicador de la Palabra, fue ahorcado y su cuerpo fue reducido a cenizas, por orden de la iglesia.

Fue en tal época que nació Martín Lutero. Como muchos de los hombres más célebres, pertenecía a una familia pobre. El acostumbraba decir: "Soy hijo de campesinos; mi padre, mi abuelo y mi bisabuelo fueron verdaderos campesinos." Luego añadía: "Tenemos tanta razón para vanagloriarnos de nuestra ascendencia, como tiene el diablo para enorgullecerse de su linaje angelical."

Los padres de Martín tuvieron que trabajar incansablemente para poder vestir, alimentar y educar a sus siete hijos. El padre trabajaba en las minas de cobre, y la madre, además de atender a sus quehaceres domésticos, transportaba leña sobre sus espaldas desde el bosque.

Sus padres no solamente se interesaban por el desarrollo físico e intelectual de sus hijos, sino también por su desenvolvimiento espiritual. Cuando Martín tuvo uso de razón, su padre le enseñó a arrodillarse al lado de su cama, por las noches antes de acostarse, y rogaba a Dios que hiciese que el niño recordara el nombre de su Creador. (Eclesiastés 12:1.)

Su madre era sincera y devota; así pues, enseñó a sus hijos que considerasen a todos los monjes como hombres santos, y a todas las transgresiones de los reglamentos de la iglesia, como transgresiones de las leyes de Dios. Martín aprendió los Diez Mandamientos y el "Padre Nuestro", a respetar la Santa Sede en la distante y sagrada Roma, y a mirar reverentemente cualquier hueso o fragmento de ropa que hubiese pertenecido a algún santo. Sin embargo, su religión se basaba más en que Dios era un Juez vengativo, que un Amigo de los niños. (Mateo 19:13-15.) Siendo ya adulto, Lutero escribió: "Me estremecía y me ponía pálido al oír mencionar el nombre de Cristo, porque me habían enseñado a considerarlo como un juez encolerizado. Nos habían enseñado que nosotros mismos debíamos hacer propiciación por nuestros pecados; que no podemos compensar suficientemente nuestras culpas, sino que es necesario recurrir a los santos del cielo, y clamar a María para que interceda a nuestro favor desviando de nosotros la ira de Cristo."

El padre de Martín, sintiéndose muy satisfecho con los trabajos escolares de su hijo en la villa donde vivían, decidió mandarlo, cuando cumplió los trece años de edad, a la escuela franciscana de la ciudad de Magdeburgo.

El joven se presentaba frecuentemente al confesonario, donde el sacerdote le imponía penitencias y lo obligaba a practicar buenas obras a fin de obtener la absolución. Martín se esforzaba incesantemente por conseguir el favor de Dios, mediante la piedad, y ese mismo deseo lo llevó más tarde a la vida del convento.

Para su subsistencia en Magdeburgo, Martín tenía que pedir limosna por las calles, cantando canciones de puerta en puerta. En vista de ello sus padres, pensando que en Eisenach lo pasaría mejor, lo enviaron a estudiar en esa ciudad, donde, además, vivían parientes de su madre. No obstante, esos parientes no le prestaron ninguna ayuda, y el joven tuvo que seguir pidiendo limosna para poder comer.

Cuando ya estaba a punto de abandonar sus estudios, para ponerse a trabajar con las manos, cierta señora acomodada, Doña Ursula Cota, atraída por sus oraciones en la iglesia y conmovida por la humildad con que recibía cualquier sobra de comida, en su puerta, lo acogió en el seno de su familia. Por vez primera Lutero conoció lo que era la abundancia. Años más tarde él se refirió a la ciudad de Eisenach como "la ciudad bien amada". Cuando Lutero se hizo famoso, uno de los hijos de la familia Cota fue a cursar sus estudios en Wittenberg, donde Lutero lo recibió en su casa.

Cuando vivió en la casa de Doña Ursula, su afectuosa madre adoptiva, Martín hizo progresos muy rápidos, recibiendo una sólida educación. Su maestro, Juan Trebunius, era un hombre culto y de método esmerado. No maltrataba a sus alumnos como lo hacían los demás maestros. Se cuenta que al encontrarse con los muchachos de su escuela, los saludaba quitándose el sombrero, porque... "nadie sabía si entre ellos había futuros doctores, regentes, cancilleres o reyes..." Para Martín, el ambiente de la escuela y del hogar le fue favorable para formar un carácter fuerte e inquebrantable, tan necesario para enfrentar a los más temibles enemigos de Dios.

Martín Lutero era más sobrio y devoto que los demás muchachos de su edad. Refiriéndose a ese hecho, Doña Ursula dijo, a la hora de su muerte, que Dios había bendecido su hogar grandemente desde el día en que Lutero entró a su casa.

Mientras tanto, los padres de Martín habían prosperado algo económicamente. El padre había alquilado un horno para la fundición de cobre, y después compró otros dos. Había sido electo concejal de su ciudad, y comenzó a hacer planes para educar a sus hijos. Sin embargo, Martín nunca se avergonzó de los días de sus pruebas y de su miseria; al contrario, los consideraba como la mano de Dios, que lo había guiado dirigiéndolo y preparándolo para su gran obra. Nadie puede, en la edad madura, encarar seriamente y con ahínco las vicisitudes de la vida, si no aprende por experiencias mientras es joven.

A los dieciocho años, Martín deseaba estudiar en una universidad. Su padre, reconociendo la capacidad de su hijo, lo envió a Erfurt, que era entonces el centro intelectual del país, donde cursaban sus estudios más de mil estudiantes. El joven estudió con tanto ahínco, que al fin del tercer semestre obtuvo el grado de bachiller en filosofía. A la edad de veintiún años alcanzó el segundo grado académico, el de doctor en filosofía; los estudiantes, profesores y autoridades le rindieron significativo homenaje.

Dentro de los muros de Erfurt había cien predios que pertenecían a la iglesia, incluyendo ocho conventos. Había también una importante biblioteca, que pertenecía a la universidad, donde Lutero pasaba todo su tiempo disponible. Siempre rogaba fervorosamente a Dios que le prodigase su bendición en sus estudios. El acostumbraba decir: "Orar bien es la mejor parte de los estudios." Sobre él escribió cierto colega: "Cada mañana él precede sus estudios con una visita a la iglesia y con una oración a Dios."

Su padre, deseando que Martín llegara a ser abogado y se volviese célebre, le compró el "Corpus Juris", que es gran obra de jurisprudencia muy costosa.

Sin embargo, el alma de Lutero deseaba ardientemente a Dios, por encima de todas las cosas. Varios acontecimientos influyeron en Lutero induciéndolo a entrar a la vida monástica, decisión esa que llenó de profunda tristeza a su padre y horrorizó a sus compañeros de la universidad.

Primero, en la biblioteca se encontró con el maravilloso libro de los libros, la Biblia completa, en latín. Hasta entonces Lutero había creído que las pequeñas porciones escogidas por la iglesia para que se leyeran los domingos eran toda la Palabra de Dios. Después de leer la Biblia durante un largo rato, exclamó: "¡Oh! ¡Si la Providencia me diese un libro como éste, sólo para mí!" Al seguir leyendo las Escrituras, su corazón comenzó a percibir la luz que irradia de la Palabra de Dios, y su alma a sentir aún más sed de Dios.

Al tiempo de graduarse de bachiller, las largas horas de estudio le ocasionaron una enfermedad que lo llevó al borde de la muerte. De esa manera, su hambre por la Palabra de Dios quedó aún más enraizada en el corazón de Lutero. Algún tiempo después de esa enfermedad, estando de viaje para visitar a su familia, le dieron un golpe de espada, y dos veces estuvo al borde de la muerte antes de que un cirujano llegase a curarle la herida. Para Lutero, la salvación de su alma sobrepasaba cualquier otro anhelo.

Cierto día, uno de sus íntimos amigos de la universidad fue asesinado. "¡Ah!" exclamó Lutero, horrorizado, "¿qué habría sido de mí si hubiese sido llamado de ésta a la otra vida tan inopinadamente?"

Pero de todos esos acontecimientos, el que más le estremeció el espíritu, fue el que experimentó durante una terrible tempestad eléctrica cuando regresaba de visitar a sus padres. No tenía donde guarecerse. El cielo estaba encendido, los rayos rasgaban las nubes a cada instante. De repente, un rayo cayó a su lado. Lutero, lleno de espanto y sintiéndose ya cerca del infierno, se postró gritando: "¡Santa Ana, sálvame y me haré monje!"

Más tarde Lutero llamó a ese incidente: "Mi camino real hacia Damasco", y no tardó en cumplir la promesa que le hiciera a Santa Ana. Invitó entonces a sus compañeros para que cenaran con él. Después de la comida, mientras sus amigos se divertían conversando y oyendo música, les anunció repentinamente que de ahí en adelante podrían considerarlo muerto, puesto que él iba a entrar al convento. En vano sus compañeros trataron de disuadirlo de su proyecto. En la obscuridad de esa misma noche, el joven, antes de cumplir sus veintidós años de edad, se dirigió al convento de los agustinos, tocó, la puerta se abrió, y Lutero entró. ¡El profesor admirado y festejado, la gloria de la universidad, que había pasado días y noches inclinado sobre los libros, se convertía ahora en un hermano agustino!

El monasterio de los agustinos era el mejor de los claustros de Erfurt. Sus monjes eran los predicadores de la ciudad, muy estimados por sus obras de caridad entre la clase pobre y oprimida. Nunca hubo en aquel convento un monje más sumiso, más devoto y más piadoso que Martín Lutero. Se sometía a los trabajos más humildes, como el ser portero, sepulturero, barrendero de la iglesia y de las celdas de los monjes. No rehusaba salir a mendigar el pan cotidiano para el convento, en las calles de Erfurt.

Durante el año de noviciado, antes de hacerse monje, los amigos de Lutero hicieron todo lo posible para disuadirlo de que llevase a cabo su decisión. Los compañeros que el convidó a cenar para anunciarles su intención de hacerse monje, se quedaron dos días junto al portón del convento esperando que él regresase al mundo. El padre de Lutero casi enloqueció al comprobar que sus ruegos eran inútiles y que todos los planes que él había forjado para el porvenir de su hijo habían fracasado.

Lutero se disculpaba diciendo: Hice una promesa a Santa Ana, para salvar mi alma. Entré al convento y acepté ese estado espiritual solamente para servir a Dios y agradarle durante la eternidad.

Sin embargo, demasiadas ilusiones se había hecho Lutero. Después de procurar crucificar la carne con ayunos prolongados, imponiéndose las más severas privaciones, y realizando un sinnúmero de vigilias, halló que, encerrado en su celda, todavía tenía que luchar contra los malos pensamientos. Su alma clamaba: "Dadme santidad o muero por toda la eternidad; llevadme al río de aguas puras y no a estos manantiales de aguas contaminadas; conducidme a las aguas de vida que salen del trono de Dios."

Cierto día Lutero encontró en la biblioteca del convento una vieja Biblia en latín, agarrada a la mesa por una cadena; para él, ésta fue un tesoro infinitamente mejor que todos los tesoros literarios del convento. Estuvo tan embebecido leyéndola, que durante semanas enteras dejó de repetir las oraciones diurnas de la orden. Luego, despertado por la voz de su conciencia, Lutero se arrepintió de su negligencia; era tal su remordimiento que no podía dormir. Se apresuró entonces a enmendar su error, y puso en ello tanto empeño que hasta se olvidaba de tomar sus alimentos.

En esas circunstancias, enflaquecido al máximo por tantos ayunos y vigilias, se sintió oprimido por los temores hasta llegar a perder los sentidos y caer al suelo. Así lo hallaron los otros monjes ¡y quedaron admirados nuevamente por su piedad excepcional!

Lutero sólo recobró el conocimiento cuando un grupo de frailes del coro lo rodeó cantando. La suave armonía le llegó hasta el alma y le despertó el espíritu. Sin embargo, aun así le faltaba la paz perpetua para su alma, aún no había oído cantar al coro celestial: "Gloria a Dios en las alturas y paz en la tierra a los hombres de buena voluntad."

En ese tiempo, el vicario general de la orden de los agustinos, Staupitz, visitó el convento. Era un hombre de gran discernimiento y devoción profunda; comprendió inmediatamente el problema del joven monje, y le ofreció una Biblia en la cual éste leyó: "El justo vivirá por fe." Por cuánto tiempo Lutero había anhelado: "¡Oh, si Dios me diese un libro de estos sólo para mí!" — ¡Ahora él ya lo poseía!

En la lectura de la Biblia encontró un gran consuelo, pero la obra no podía completarse en un día. Quedó entonces más resuelto que nunca a alcanzar la paz para su alma en la vida monástica, ayunando y pasando noches enteras sin dormir. Estando gravemente enfermo exclamó: "¡Mis pecados! ¡Mis pecados!" A pesar de que su vida estaba libre de manchas, como él afirmaba y otros atestiguaban, se sentía culpable ante Dios, hasta que un anciano monje le recordó una palabra del Credo: "Creo en el perdón de los pecados." Vio entonces que Dios no solamente había perdonado los pecados de Daniel y de Simón Pedro, sino también los suyos.

Poco tiempo después de esos acontecimientos, Lutero se ordenó de sacerdote. La primera misa que celebró fue un gran suceso. Su padre, que no lo había perdonado desde el día en que él había abandonado sus estudios de jurisprudencia hasta ese momento, asistió a la primera misa, después de viajar a caballo desde Mansfield acompañado por veinticinco amigos, y trayendo un buen donativo para el convento.

Después que cumplió los veinticinco años de edad, Lutero fue designado para la cátedra de filosofía de Wittenberg, a donde se mudó para vivir en el convento de su orden. Sin embargo, su alma tenía ansias de la Palabra de Dios y del conocimiento de Cristo. En medio de las ocupaciones que le imponía su cátedra de filosofía, se dedicó al estudio de las Escrituras, y en ese primer año obtuvo el título de "bachiller en Biblia". Su alma ardía con el fuego de los cielos; de todas partes afluían multitudes para escuchar sus discursos, los cuales emanaban abundante y vivamente de su corazón, sobre las maravillosas verdades reveladas en las Escrituras. Uno de los más famosos profesores de Leipzig, conocido como "La luz del mundo", dijo: "Este fraile avergonzará a todos los doctores; pregonará una doctrina nueva y reformará toda la iglesia, porque él se basa en la Palabra de Cristo. La Palabra que nadie en el mundo puede resistir, y nadie puede refutar, aun cuando se la ataque con todas las armas de la filosofía."

Uno de los puntos culminantes de la biografía de Lutero es su visita a Roma. Había surgido una disputa reñida entre siete conventos de los agustinos y decidieron llevar los puntos de la desavenencia para que el Papa los resolviera. Como Lutero era el hombre más hábil y más elocuente, y además, era altamente apreciado y respetado por todos los que lo conocían, fue escogido para representar a su convento en Roma.

Lutero hizo el viaje a pie en compañía de otro monje. En aquel tiempo Lutero todavía estaba fiel y enteramente dedicado a la Iglesia Católica. Cuando, al fin llegaron a un punto del camino desde donde se avistaba la famosa ciudad, Lutero cayó de rodillas y exclamó: "¡Ciudad Santa, yo te saludo!"

Los dos monjes pasaron un mes en Roma visitando

los diversos santuarios y los lugares de peregrinación. Lutero celebró misa diez veces. ¡Lamentó entonces que sus padres no se hubiesen muerto todavía, porque los hubiera podido rescatar del purgatorio! Un día, subiendo la Santa Escalinata de rodillas, a fin de ganarse la indulgencia que el jefe de la iglesia prometía por ese sacrificio, resonaron en sus oídos con voz de trueno las palabras de Dios: "El justo vivirá por la fe." Lutero se levantó y salió avergonzado.

Después que vio la corrupción tan generalizada que había en Roma, su alma se apegó a la Biblia, más que nunca. Al llegar de regreso a su convento, el vicario general insistió en que diese los pasos necesarios para obtener el título de doctor, el cual le daría el derecho de predicar. Sin embargo, reconociendo Lutero la enorme responsabilidad que eso le acarrearía ante Dios y no queriendo ceder, dijo: "No es de poca importancia que el hombre hable en lugar de Dios. . . Ah, señor doctor, al pedirme que lo haga, me quitáis la vida; no resistiré más de tres meses." El vicario general le respondió: "¡No importa! Que así sea, en nombre de Dios, puesto que Dios también necesita en los cielos a hombres consagrados e inteligentes."

Ya elevado a la dignidad de doctor en teología, el corazón de Lutero ardía aún más en deseos de profundizar sus conocimientos de las Sagradas Escrituras; fue entonces nombrado predicador de la ciudad de Wittenberg. Los libros que él estudió y sus márgenes llenos de anotaciones que escribió en letra menuda, sirven a los eruditos de hoy como ejemplo, por la forma cuidadosa y ordenada en que Lutero realizó sus estudios.

El mismo escribió lo siguiente acerca de la gran transformación que experimentó su vida en ese tiempo: "Deseando ardientemente comprender las palabras de Pablo, comencé a estudiar su epístola a los

Romanos. Sin embargo, noté que en el primer capítulo consta que la justicia de Dios se revela en el evangelio (vv. 16, 17). Yo detestaba las palabras: *la justicia de Dios*, porque conforme me enseñaron, yo la consideraba como un atributo del Dios Santo que lo lleva a castigar a los pecadores. A pesar de vivir irreprensiblemente como monje, mi conciencia perturbada me mostraba que era pecador ante Dios. Así, yo detestaba a un Dios justo, que castiga a los pecadores... Tenía la conciencia intranquila, en lo íntimo mi alma se sublevaba. Sin embargo, volvía siempre al mismo versículo, porque quería saber lo que Pablo enseñaba. Al fin, después de meditar sobre ese punto durante muchos días y noches, Dios en su gracia infinita me mostró la palabra: 'El justo vivirá por la fe.' Vi entonces que la justicia de Dios, en este versículo, es la justicia que el hombre piadoso recibe de Dios mediante la fe, como una dádiva."

De esa forma el alma de Lutero se libró de su esclavitud. El mismo así lo escribió: "Entonces me sentí recién nacido, y en el paraíso. Todas las Escrituras tenían ahora para mí otro significado; las escudriñaba para ver todo cuanto enseñan sobre la "justicia de Dios". Antes, esas palabras eran odiosas para mí; ahora las recibí con el más intenso amor. Ese versículo fue para mí la puerta de entrada al paraíso."

Después de esa experiencia maravillosa, Lutero predicaba diariamente; en ciertas ocasiones llegaba a predicar hasta tres veces al día, conforme él mismo lo cuenta: "Lo que el pastor es para el rebaño, la casa para el hombre, el nido para el pajarito, la peña para la cabra montés, el arroyo para el pez, eso es la Biblia para las almas fieles." Por fin, la luz del evangelio rasgó las tinieblas en que vivía, y el alma de Lutero ardía por conducir a sus oyentes hacia el Cordero de Dios, que quita todo el pecado.

Lutero hizo que el pueblo considerase la verdadera religión, no como una simple profesión, o un sistema de doctrinas, sino como la vida misma en Dios. La oración no fue más un ejercicio sin sentido, sino una comunión con Dios, quien nos cuida con un amor infinito. Mediante sus sermones, Dios reveló su corazón a miles de oyentes, a través del corazón de Lutero.

Durante una convención de agustinos Lutero fue invitado a predicar, pero en vez de dar un mensaje doctrinal de sabiduría humana, como era de esperarse, pronunció un ardiente discurso contra la lengua maldiciente de los monjes. Los agustinos, impresionados por ese mensaje, ¡lo eligieron director a cargo de once conventos!

Lutero no solamente predicaba la virtud, sino que también la practicaba, amando verdaderamente a su prójimo. En ese tiempo la peste procedente del oriente, visitó a Wittenberg. Se calcula que la cuarta parte de la población de Europa, la mitad de la población de Alemania, fue segada por la peste. Cuando profesores y estudiantes huyeron de la ciudad, instaron a Lutero que huyese también; pero él respondió: "¿A dónde he de huir? Mi lugar está aquí; el deber no me permite ausentarme de mi puesto, hasta cuando Aquel que me envió a este lugar me llame. No es que yo no le tema a la muerte, sino que espero que el Señor me dé ánimo." Así era como Lutero ejercía su ministerio guiando el alma y el cuerpo de sus semejantes durante un tiempo de aflicción y angustia universales.

La fama del joven monje se esparció hasta muy lejos. Entretanto sin reconocerlo, mientras trabajaba incansablemente para la iglesia, se había alejado del rumbo liberal que ella seguía en doctrina y práctica.

En el mes de octubre de 1517, Lutero fijó a la

puerta de la iglesia del Castillo de Wittenberg sus 95 tesis, cuyo tenor era que Cristo requiere el arrepentimiento y la tristeza por el pecado cometido, y no la penitencia. Lutero fijó sus tesis o proposiciones para un debate público, en la puerta de la iglesia, como era costumbre en ese tiempo. Pero esas tesis, escritas en latín, fueron enseguida traducidas al alemán, al holandés y al español. Antes de transcurrido un mes, para sorpresa de Lutero, sus tesis ya habían llegado a Italia y estaban haciendo temblar los cimientos del viejo edificio de Roma. Fue como consecuencia de ese acto de fijar las 95 tesis en la puerta de la iglesia de Wittenberg que nació la Reforma, es decir, que fue eso lo que dio origen al gran movimiento de almas que en todo el mundo ansiaban volver a la fuente pura, a la Palabra de Dios. Sin embargo, Lutero no atacó a la iglesia católica; al contrario, salió en defensa del Papa contra los vendedores de indulgencias.

En el mes de agosto de 1518, Lutero fue llamado a Roma para responder a la acusación de herejía que se le imputaba. No obstante, el elector Federico no consintió que lo sacasen fuera del país, por lo que Lutero fue intimado a presentarse en Augsburgo. "Te quemarán vivo", insistían sus amigos. Lutero entonces les respondió resueltamente: "Si Dios sustenta la causa, la causa subsistirá."

La orden que emitió el nuncio del Papa en Augsburgo, fue: "Retráctese o no saldrá de aquí." Sin embargo, Lutero consiguió huir de la ciudad atravesando una pequeña cancela en el muro de la ciudad, aprovechando la obscuridad de la noche. Al llegar de nuevo a Wittenberg, un año después de fijar sus tesis, Lutero se había convertido en el personaje más popular de toda Alemania. No existían periódicos en ese tiempo, pero de la pluma de Lutero fluían las respuestas a todos sus críticos, que eran luego publicadas en folletos. Lo que Lutero escribió en esa forma, hoy completa cien volúmenes.

Erasmo, el célebre humanista y literato holandés, le escribió a Lutero: "Sus libros están despertando a todo el país... A los hombres más eminentes de Inglaterra les gustan sus escritos..."

Cuando la bula de excomunión, enviada por el Papa, llegó a Wittenberg, Lutero respondió con un tratado dirigido al Papa, León X, exhortándolo en el nombre del Señor a que se arrepintiese. La bula del Papa fue quemada fuera del muro de la ciudad de Wittenberg ante una gran multitud. Sobre el particular, Lutero escribió al vicario general: "En el momento de quemar la bula, yo estaba temblando y orando, pero ahora estoy satisfecho de haber realizado este enérgico acto." Lutero no esperó a que el Papa lo excomulgase, sino que inmediatamente saltó de la Iglesia de Roma a la Iglesia del Dios Vivo.

No obstante, el Emperador Carlos V, que iba a convocar su primera Dieta en la ciudad de Worms, quería que Lutero compareciese para responder, personalmente, a los cargos de sus acusadores. Los amigos de Lutero insitían en que no fuese, alegando: ¿No fue Juan Hus entregado a Roma para ser quemado, a pesar de la garantía de vida dada por el Emperador? Pero en respuesta a todos los que se esforzaban en disuadirlo de comparecer ante sus terribles enemigos, Lutero, fiel al llamado de Dios, les dijo: "Aun cuando haya en Worms tantos demonios cuantas sean las tejas en los tejados, confiando en Dios, yo iré." Después de impartir instrucciones acerca de su obra, previendo el caso de que no volviese, él partió.

En su viaje a Worms, el pueblo afluyó en masa para conocer al gran hombre que había tenido el coraje de desafiar la autoridad del Papa. En Mora predicó al aire libre, porque en las iglesias ya no cabían las enormes multitudes que querían oír sus sermones. Al avistar las torres de las iglesias de Worms, se irguió en la carroza en que viajaba y cantó su himno, el más famoso de la Reforma: *"Ein' Feste Burg"*, esto es, "Castillo fuerte es nuestro Dios". Al entrar por fin a la ciudad, lo acompañaba el pueblo en una multitud mucho mayor que la que había ido a recibir a Carlos V. Al día siguiente lo llevaron ante el emperador, a cuyo lado se encontraban el delegado del Papa, seis electores del imperio, veinticinco duques, ocho *margraves*, treinta cardenales y obispos, siete embajadores, los diputados de diez ciudades y un gran número de príncipes, condes y barones.

Es fácil imaginar que el reformador fuese un hombre de mucho coraje y de físico vigoroso como para enfrentar tantas fieras que ansiaban despedazarle el cuerpo. Pero la verdad es que él había pasado una gran parte de su vida alejado de los hombres y, sobre todo, se encontraba muy débil por el viaje, durante el cual había tenido necesidad de que lo atendiese un médico. Sin embargo, no perdió su entereza y se mostró valeroso, no en su propia fuerza, sino en el poder de Dios.

Sabiendo que tenía que comparecer ante una de las más imponentes asambleas de autoridades religiosas y civiles de todos los tiempos, Lutero pasó la noche anterior en vigilia. Postrado con el rostro en tierra, luchó con Dios llorando y suplicando. Uno de sus amigos lo oyó orar así: "¡Oh Dios todopoderoso! ¡la carne es débil, el diablo es fuerte! ¡Ah, Dios, Dios mío! Te pido que estés junto a mí contra la razón y la sabiduría del mundo. Hazlo, pues solamente tú lo puedes hacer. No es mi causa sino la tuya. ¿Qué tengo yo con los grandes de la tierra? Es tu causa, Señor, tu justa y eterna causa. ¡Sálvame, oh Dios fiel! ¡Solamente en ti confío, oh Dios! Dios mío. . . ven, estoy dispuesto a dar, como un cordero, mi propia vida. El mundo no conseguirá atar mi conciencia, aun cuando esté lleno de demonios; y si mi cuerpo tiene que ser destruido, mi alma te pertenece, y estará contigo eternamente. . ."

Se cuenta que, al día siguiente, cuando Lutero atravesó el umbral del recinto donde comparecería ante la Dieta, el veterano general Freudsburg puso la mano en el hombro del Reformador y le dijo: "Pequeño monje, vas a enfrentarte a una batalla diferente, que ni yo ni ningún otro capitán jamás hemos experimentado, ni siquiera en nuestras más sangrientas conquistas. Sin embargo, si la causa es justa, y estás convencido de que lo es, avanza en nombre de Dios, y no temas nada, que Dios no te abandonará." El gran general no sabía que Martín Lutero había vencido la batalla en oración y que entraba solamente para declarar que la había ganado a peores enemigos.

Cuando el nuncio del Papa exigió a Lutero que se retractase ante la augusta asamblea, él respondió: "Si no me refutareis por el testimonio de las Escrituras o por argumentos — puesto que no creo ni en los papas ni en los concilios, siendo evidente que muchas veces ya se engañaron y se contradijeron entre sí — mi conciencia tiene que acatar la Palabra de Dios. No puedo retractarme, ni me retractaré de nada, puesto que no es justo, ni seguro actuar contra la conciencia. Dios me ayude, Amén."

Al volver a su aposento, Lutero levantó las manos al cielo y exclamó con el rostro todo iluminado: "¡Consumado está! "¡Consumado está!" ¡Si yo tuviese mil cabezas, soportaría que todas ellas fuesen cortadas antes que retractarme!"

La ciudad de Worms, al recibir la noticia de la osada respuesta dada por Lutero al nuncio del Papa, se alborozó. Las palabras del Reformador se publicaron y difundieron entre el pueblo, que luego concurrió para rendirle el debido homenaje.

A pesar de que los papistas no consiguieron con su influencia que el emperador violase el salvoconducto y quemase en una hoguera al llamado hereje, Lutero, sin embargo, tuvo que enfrentar otro grave problema. El edicto de excomunión entró inmediatamente en vigor; Lutero, según la excomunión, era considerado un criminal y, al terminar el plazo de su salvoconducto, tendría que ser entregado al emperador; todos sus libros debían ser incautados y quemados; el hecho de ayudarlo de cualquier manera que fuese, sería considerado un crimen capital.

Pero a Dios le es fácil cuidar de sus hijos. Estando Lutero de regreso a Wittenberg, fue repentinamente rodeado en un bosque por un bando de caballeros enmascarados que, después de despedir a las personas que lo acompañaban, lo condujeron a altas horas de la noche, al castillo de Wartburgo, cerca de Eisenach. Esta fue una estratagema del Príncipe de Sajonia para salvar a Lutero de sus enemigos que planeaban asesinarlo antes de que llegase a casa.

En el castillo, Lutero pasó muchos meses disfrazado; tomó el nombre de Caballero Jorge, y el mundo lo daba por muerto. Fieles siervos de Dios oraban día y noche. Las palabras del pintor Alberto Durero expresan los sentimientos del pueblo: "¡Oh Dios! si Lutero fuese muerto ¿quién nos expondría entonces el evangelio?"

Sin embargo, en su retiro, libre de sus enemigos, tuvo libertad de escribir; y el mundo comprendió luego, por la gran cantidad de literatura, que esa obra salía de la pluma de Lutero, y que, de hecho, él estaba vivo. El Reformador conocía bien el hebreo y el griego, y en tres meses tradujo todo el Nuevo

Testamento al idioma alemán. En unos meses más, la obra, ya impresa, se encontraba en las manos del pueblo. De esa edición se vendieron cien mil ejemplares en cuarenta años, además de las cincuenta y dos ediciones que se imprimieron en otras ciudades. Para aquel tiempo ésa era una circulación inmensa, pero Lutero no aceptó un solo centavo por concepto de derechos de autor.

La mayor obra de toda su vida fue, sin duda, la de dar al pueblo alemán la Biblia en su propia lengua, después de volver a Wittenberg. Entonces ya había otras traducciones, pero escritas en un alemán latinizado que el pueblo no comprendía. La lengua alemana de aquel tiempo era un conjunto de dialectos, pero al traducir la Biblia, Lutero empleó un lenguaje que fuese comprendido por todos, el mismo que más tarde sirvió a hombres como Goethe y Schiller para que escribiesen sus obras. Su éxito al traducir las Sagradas Escrituras para el uso de los más humildes, está confirmado por el hecho de que, aún después de cuatro siglos, se considera su traducción como la principal.

Otro factor importante que contribuyó al éxito de esa traducción, fue que Lutero era un erudito en hebreo y griego, por lo que tradujo directamente de las lenguas originales. No obstante, el valor de su obra no se basa únicamente en sus indiscutibles dotes literarias. Lo que le dio valor fue que Lutero conocía la Biblia como nadie podía conocerla, puesto que él había sentido la angustia eterna y había encontrado en las Escrituras el verdadero y único consuelo. Lutero conocía íntimamente y amaba sinceramente al Autor del Libro. Como resultado, su corazón se inflamó con el fuego y el poder del Espíritu Santo. Ahí residía el secreto de haber podido traducir todo al idioma alemán en tan poco tiempo.

Como es bien sabido, la fortaleza de Lutero y de la Reforma fue la Biblia. Desde Wartburgo él escribió para su pueblo de Wittenberg: "Jamás en ninguna parte del mundo se escribió un libro más fácil de comprender que la Biblia. Comparado con otros libros, es como el sol en contraste con todas las demás luces. No os dejéis inducir por ellos a abandonarla bajo ningún pretexto. Si os alejáis de ella por un momento, todo estará perdido; podrán llevaros a dondequiera que se les antoje. Si permanecéis fieles a las Escrituras, seréis victoriosos."

Después de colgar el hábito de monje, Lutero resolvió dejar por completo la vida monástica, casándose con Catalina de Bora, una monja que también había salido del claustro porque había comprendido que semejante vida era contra la voluntad de Dios. La figura de Lutero sentado a la lumbre de su hogar con su esposa y sus seis hijos a quienes amaba tiernamente, inspira a los hombres más que el gran héroe al presentarse ante el legado papal en Augsburgo.

En los cultos domésticos la familia rodeaba un harmonio, con el cual alababan a Dios juntos. El Reformador leía el Libro que había traducido para el pueblo, y después alababan a Dios y oraban hasta sentir la presencia divina entre ellos.

Lutero y su esposa se amaban profundamente. Son de él estas palabras: "Soy rico, Dios me ha dado mi monja y tres hijos, las deudas no me atemorizan: Catalina paga todo." Catalina von Bora era apreciada por todos. Algunos, de hecho, llegaban a censurarla porque era demasiado económica; pero, ¿qué habría sido de Martín Lutero y de toda su familia, si ella hubiese actuado como él? Se decía que él, aprovechando que su esposa estaba enferma, cedió su propio plato de comida a cierto estudiante que estaba hambriento. No aceptaba ni un centavo de sus alumnos y se negaba a vender sus escritos, dejándoles todo el lucro a los tipógrafos.

Durante sus meditaciones sobre las Escrituras, muchas veces se olvidaba de comer. Al escribir su comentario sobre el Salmo 23, pasó tres días encerrado en su cuarto comiendo solamente pan y sal. Cuando su esposa hizo abrir la puerta de la habitación con un cerrajero, lo encontraron escribiendo, sumergido en sus pensamientos y completamente ajeno a todo lo que sucedía a su alrededor.

Es difícil tener una idea exacta de lo mucho que debemos actualmente a Martín Lutero. El gran paso que él dio para que el pueblo quedase libre para servir a Dios conforme a sus leyes, es algo que escapa a nuestra comprensión. Era un gran músico y escribió algunos de los himnos más espirituales que se cantan actualmente. Preparó el primer himnario recopilando diversos himnos, y estableció la costumbre de que todos los asistentes a los cultos cantasen juntos. Insistió en que no solamente los varones, sino también las hembras fuesen instruidas, convirtiéndose así en el padre de las escuelas públicas. Antes de Lutero, el sermón en los cultos tenía muy poca importancia; pero él hizo del sermón la parte principal del culto. El mismo dio el ejemplo para acentuar esa costumbre: era un predicador de gran elocuencia. El mismo se tenía en poco, pero sus mensajes le brotaban de lo más íntimo de su corazón, a tal punto que el pueblo llegaba a sentir la presencia de Dios cuando él predicaba. En Zwiekau predicó a un auditorio de 25 mil personas en la plaza pública. Se calcula que escribió 180 volúmenes en su lengua materna y casi un número igual en latín. A pesar de sufrir de varias enfermedades, siempre se esforzaba, diciendo: "Si yo muriese en la cama, sería una vergüenza para el Papa."

Generalmente se atribuye el gran éxito de Lutero a su extraordinaria inteligencia y a sus destacados dones. El hecho es que él tenía la costumbre de orar durante horas enteras. Decía que si no pasaba dos horas orando por la mañana, se exponía a que Satanás ganase la victoria sobre él durante ese día. Cierto biógrafo escribió: "El tiempo que él pasa orando produce el tiempo para todo lo que hace. El tiempo que pasa escudriñando la Palabra vivificante le llena el corazón, que luego se desborda en sus sermones, en su correspondencia y en sus enseñanzas."

Su esposa dijo que las oraciones de Lutero "eran a veces como los pedidos insistentes de su hijito Hanschen, que confiaba en la bondad de su padre; otras veces, era como la lucha de un gigante en la angustia del combate."

Encontramos lo siguiente en la *Historia de la Iglesia Cristiana*, de Souer, Vol. 3, Pág. 406: "Martín Lutero profetizaba, evangelizaba, hablaba lenguas e interpretaba, revestido de todos los dones del Espíritu."

A los sesenta y dos años predicó su último sermón, sobre el texto: "Escondiste estas cosas de los sabios y de los entendidos, y las revelaste a los niños." Ese mismo día escribió a su querida esposa, Catalina: "Echa tu carga sobre el Señor, y él te sustentará. Amén." Esta fue una frase de su última carta. Vivió esperando siempre que el Papa lograra cumplir la repetida amenaza de quemarlo vivo. Sin embargo, no fue esa la voluntad de Dios. Cristo lo llamó mientras sufría de un ataque al corazón, en Eisleben, su ciudad natal.

Las últimas palabras de Lutero fueron: "Voy a entregar mi espíritu." Luego alabó a Dios en voz alta: "¡Oh, mi Padre Celestial! Dios mío, Padre de nuestro Señor Jesucristo, en quien creo, a quien prediqué y a quien confesé, amé y alabé... Oh, mi querido Señor Jesucristo, a ti encomiendo mi pobre alma. ¡Oh, mi Padre Celestial! en breve tiempo tengo que abandonar este cuerpo, pero sé que permaneceré eternamente contigo y ¡que nadie podrá arrebatarme de tus manos!" Luego, después de recitar a Juan 3:16 tres veces, repitió las palabras: "Padre, en tus manos entrego mi espíritu, pues tú me rescataste, Dios fiel"; acabando de decir esto, cerró los ojos y durmió.

Un inmenso cortejo de creyentes que lo amaban sinceramente, precedido de cincuenta jinetes, salió de Eisleben con destino a Wittenberg, pasó por la puerta de la ciudad donde el Reformador había quemado años antes la bula de excomunión, y entró por las puertas de la misma iglesia donde, hacía veintinueve años Lutero había fijado las 95 tesis. Durante la ceremonia fúnebre, el pastor Bugenhagen y Melancton, inseparable compañero de Lutero, pronunciaron sendos discursos. Después abrieron la sepultura, previamente preparada al lado del púlpito, y allí depositaron el cuerpo de Lutero.

Catorce años más tarde, el cuerpo de Melancton encontró descanso al otro lado del púlpito de la misma iglesia. Alrededor de esas dos sepulturas yacen los restos mortales de más de noventa maestros de la Universidad.

Las puertas de la iglesia del castillo fueron destruidas por el fuego durante el bombardeo de Wittenberg en 1760, pero fueron substituidas por puertas de bronce en 1812, sobre las cuales se encuentran grabadas las 95 tesis. Pero este gran hombre, que perseveró en la oración, dejó grabadas, no en el metal que al fin se corroe, sino en centenares de millones de almas inmortales, la Palabra de Dios que estará dando fruto para toda la eternidad.

# JUAN BUNYAN

## Soñador inmortal

## 1628-1688

"Caminando por el desierto de este mundo, paré en un sitio donde había una caverna (la prisión de Bedford); allí me acosté para descansar. Pronto me quedé dormido y tuve un sueño. Vi a un hombre cubierto de andrajos, de pie y dando la espalda a su habitación, que llevaba una pesada carga sobre los hombros y en las manos un libro."

Hace tres siglos que Juan Bunyan comenzó de esta manera su libro, *El peregrino*. Los que conocen sus obras literarias pueden confirmar que él es, en efecto, "el soñador inmortal" — "a pesar de estar muerto, todavía habla". Sin embargo, aun cuando miles y miles de creyentes conocen *El peregrino*, son muy pocos los que conocen la historia de la vida dedicada a la oración de este valiente predicador.

Bunyan, en su obra, *Gracia abundante para el principal de los pecadores*, nos informa que sus padres, a pesar de ser muy pobres, consiguieron que él aprendiese a leer y a escribir. El mismo se llamó "el principal de los pecadores"; otros afirman que tuvo "mucha suerte", aún no siendo todavía creyente. Se casó con una joven en cuya familia todos eran creyentes fervorosos. Bunyan era hojalatero, y como sucedía con todos los de su oficio, era pobrísimo. Ella, por su parte, no poseía ni un plato ni una cuchara — solamente tenía dos libros: *El camino al Cielo para el hombre sencillo* y *la práctica de la piedad*, obras que su padre le dejara al fallecer. A pesar de que Bunyan encontró en esos dos libros "algunas cosas que le interesaban", fue solamente en los cultos que sintió la convicción de estar camino al infierno.

En los siguientes trozos copiados de la *Gracia abundante para el principal de los pecadores*, se descubre cómo él luchaba en oración durante el período de su conversión:

"Llegó a mis manos una obra de los "Ranters", un libro muy apreciado por algunos teólogos. No sabiendo juzgar el mérito de esas doctrinas, me dediqué a orar de esta manera: "Oh Señor, no sé juzgar entre el error y la verdad. Señor, no me dejes solo en esto de aceptar o rechazar esta doctrina ciegamente; si es de Dios, no me dejes despreciarla; si es obra del diablo, no me dejes abrazarla" — y alabado sea Dios por haberme guiado a clamar desconfiando de mi propia sabiduría, y por haberme guardado del error de los "Ranters". La Biblia era para mí muy preciosa en ese tiempo.

"Durante el tiempo en que me sentí condenado a las penas eternas, me admiraba de cómo los hombres se esforzaban por conseguir los bienes terrenales, como si esperasen vivir aquí eternamente... Si yo hubiese tenido la seguridad de la salvación de mi alma, cómo me sentiría inmensamente rico, aun cuando no tuviese para comer nada más que frijoles.

"Busqué al Señor, orando y llorando, y desde el fondo de mi alma clamé: 'Oh Señor, muéstrame, te lo ruego, que me amas con amor eterno.' Entonces escuché repetidas mis palabras, como en un eco: 'Yo te amo con amor eterno.' Me acosté para dormir en paz y, al despertarme al día siguiente, la misma paz inundaba mi alma. El Señor me aseguró: 'Te amé cuando vivías pecando; te amé antes, te amo después y te amaré siempre.'

"Cierta mañana, mientras yo oraba temblando porque pensaba que no obtendría una palabra de Dios para consolarme, El me dio esta frase: 'Te basta mi gracia.'

"Mi entendimiento se llenó de tanta claridad, como si el Señor Jesús me hubiese estado mirando desde el cielo a través del tejado de la casa y me hubiese dirigido esas palabras. Volví a mi casa llorando, transportado de gozo, y humillado hasta el polvo.

"Sin embargo, cierto día, mientras caminaba por el campo, con mi conciencia intranquila, repentinamente estas palabras se apoderaron de mi alma: 'Tu justicia está en los cielos.' Con los ojos del alma me pareció ver a Jesucristo sentado a la diestra de Dios, que permanecía allí como mi justicia... Además vi que no es mi buen corazón lo que mejora mi justicia, ni lo que tampoco la perjudica; porque mi justicia es el propio Cristo, el mismo ayer, hoy y para siempre. Entonces las cadenas cayeron de mis tobillos: quedé libre de mis angustias y las tentaciones que me asechaban perdieron su vigor; dejé de sentir temor por la severidad de Dios y regresé a mi casa regocijándome con la gracia y el amor de Dios. No encontré en la Biblia la frase: 'Tu justicia está en los cielos', pero hallé: 'El cual nos ha sido hecho por Dios sabiduría, justificación, santificación y redención' (1 Corintios 1:30), y vi que la otra frase era verdad.

"Mientras así meditaba, la siguiente porción de las Escrituras penetró con poder en mi espíritu: 'Nos salvó, no por obras de justicia que nosotros hubiéramos hecho, sino por su misericordia.' Así fui levantado a las alturas y me hallé en los brazos de la gracia y de la misericordia. Antes temía a la muerte, pero después clamé: 'Quiero morir.' La muerte se volvió para mí una cosa deseable. No se vive verdaderamente antes de pasar para la otra vida. '¡Oh', pensaba yo, 'esta vida es apenas un sueño en comparación con la otra!' Fue en esa ocasión que las palabras 'herederos de Dios' se volvieron tan profundamente significativas para mí, que no puedo explicarlas con palabras terrenales. '¡Herederos de Dios!' El propio Dios es la porción de los santos. Fue eso lo que vi y lo que me llenó de admiración; sin embargo, no puedo contar todo lo que vi. . . Cristo era un Cristo precioso en mi alma, constituía mi gozo; la paz y el triunfo en Cristo eran tan grandes, que con mucha dificultad pude seguir acostado."

Bunyan, en su lucha por libertarse de la esclavitud del vicio y del pecado, no cerraba su alma a los seres desorientados que ignoraban los horrores del infierno. Acerca de esto él escribió:

"Mediante las Escrituras percibí que el Espíritu Santo no quiere que los hombres entierren sus talentos y dones en la tierra, sino más bien que aviven esos dones. . . Doy gracias a Dios por haberme concedido la capacidad de amar y tener compasión por el alma del prójimo, y por haberme inducido a esforzarme grandemente para hablar una palabra que Dios pudiese usar para apoderarse de la conciencia y despertarla. En eso el buen Señor respondió al anhelo de su siervo, y la gente comenzó a mostrarse conmovida y angustiada al percibir el horror de sus pecados y la necesidad de aceptar a Jesucristo.

"Desde lo más profundo de mi corazón clamé a Dios insistentemente para que El hiciese eficaz la Palabra para la salvación del alma. . . De hecho, le dije al Señor repetidamente que si el sacrificio de mi vida a la vista de la gente sirviese para despertarlos y confirmarlos en la verdad, yo lo aceptaría alegremente.

"Al ejercer mi ministerio, mi mayor anhelo era llegar a los lugares más obscuros del país. . . Cuando predicaba, realmente sentía dolores de parto para que naciesen hijos para Dios. Si no había fruto, yo no le daba importancia a ninguna alabanza que pudiese recibir por mis esfuerzos; habiendo fruto, no mi importaba oposición alguna."

Los obstáculos que Bunyan tenía que enfrentar, eran muchos y variados. Satanás al verse grandemente perjudicado por la obra de ese siervo de Dios, comenzó a erigir barreras de toda clase. Bunyan luchaba fielmente contra la tentación de vanagloriarse por el éxito de su ministerio, a fin de no caer en la condenación del diablo. Cuando cierta vez uno de sus oyentes le dijo que había predicado un buen sermón, él le respondió: "No necesita decírmelo, el diablo ya me susurró al oído eso mismo antes de dejar el púlpito.

Luego el enemigo de las almas indujo a los impíos a que lo calumniasen y esparciesen rumores contra Bunyan por todo el país, con el fin de hacerlo abandonar su ministerio. Lo llamaban hechicero, jesuíta, contrabandista, y afirmaban que vivía con una amante, que tenía dos mujeres y que sus hijos eran ilegítimos.

Cuando al 'maligno' le fallaron todos esos planes de desviar a Bunyan de su ministerio glorioso, sus enemigos lo acusaron de no observar los reglamentos de los cultos de la iglesia oficial. Las autoridades civiles lo sentenciaron a prisión perpetua, negándose terminantemente a revocar la sentencia, a pesar de todos los esfuerzos de los amigos de Bunyan y de los ruegos de su esposa — tenía que quedar preso hasta el día que jurase que nunca más volvería a predicar.

Respecto a su prisión, él nos cuenta: "Nunca había sentido tanto la presencia de Dios a mi lado en todo instante, como después de que fui encerrado. . . fortaleciéndome tan tiernamente con esta o aquella Escritura, hasta el punto de que llegué a desear, si ello fuese lícito, mayores tribulaciones, con tal de recibir mayor consolación.

"Antes de caer preso yo preveía lo que me sucedería, y dos cosas ardían en mi corazón con respecto a cómo podía encarar la muerte, si llegase a ese punto. Fui guiado a orar, a pedirle a Dios que me fortaleciese 'con todo poder, conforme a la potencia de su gloria, para toda paciencia y longanimidad, con gozo dando gracias al Padre'. Durante todo el año antes de caer preso, casi nunca oré sin que esa Escritura estuviese en mi mente, y sin que yo comprendiese que para sufrir con toda paciencia, debía tener una gran fortaleza de espíritu, especialmente para sufrir con alegría.

"La segunda consideración fue en el pasaje que dice: 'Pero tuvimos en nosotros mismos sentencia de muerte, para que no confiásemos en nosotros mismos, sino en Dios que resucita a los muertos.' Por esta Escritura comprendí que si yo llegase al punto de sufrir como debía, primeramente tenía que sentenciar a muerte todas las cosas que pertenecen a nuestra vida, considerándome a mí mismo, a mi esposa, mis hijos, mi salud, los placeres, todo, en fin, como muertos para mí y yo para ellos.

"Resolví, como dijo Pablo, a no mirar las cosas que se ven, sino las que no se ven; porque las cosas que se ven son temporales, pero las que no se ven son eternas. Y comprendí que si yo fuese prevenido solamente de caer preso, podría de improviso ser llamado también para ser azotado o amarrado a la picota. Aun cuando esperase sólo esos castigos, no soportaría el castigo del destierro. Pero la mejor manera de aguantar los sufrimientos era confiar en Dios, con relación al mundo venidero, y en cuanto a este mundo, debía considerar al sepulcro como mi morada, extender mi lecho en las tinieblas, y decir a la corrupción: 'tú eres mi padre', y a los gusanos: 'Ustedes son mi madre y mi hermana' (Job 17:13-14).

"Sin embargo, a pesar de ese consuelo, me sentí un hombre rodeado de debilidad. La separación de mi esposa y de nuestros hijos, aquí en la prisión, se vuelve a veces como si se separase la carne de los huesos. Y esto no solamente porque me acuerdo de las tribulaciones y miserias que están sufriendo mis seres queridos, especialmente mi hijita ciega. ¡Pobre hija mía, qué triste es tu existencia en este mundo! ¡Vas a ser maltratada; pedirás limosnas, pasarás hambre, frío, desnudez y otras calamidades! ¡Oh, los sufrimientos de mi cieguita me quebrarían el corazón en pedazos!

"Yo también meditaba mucho sobre el horror del infierno para aquellos que temían la cruz, al punto de negarse a glorificar a Cristo, y de rechazar sus palabras y leyes ante los hijos de los hombres. Pero mucho más pensaba sobre la gloria que Cristo preparaba para aquellos que con amor, fe y paciencia daban testimonio de El. El recuerdo de estas cosas servía para disminuir la tristeza que sentía al recordar que mis seres queridos estaban sufriendo por el testimonio de Cristo."

Pero todos los horrores de la prisión no fueron suficientes para quebrantar el espíritu de Juan Bunyan. Cuando le ofrecían su libertad a cambio de que nunca más volviese a predicar, respondía: "Si hoy saliese de la prisión, mañana comenzaría a predicar, con la ayuda de Dios."

Para aquellos que piensan que en fin de cuentas,

Juan Bunyan era solamente un fanático, les recomendamos que lean las obras que él nos legó: *Gracia abundante para el principal de los pecadores; Llamado al ministerio; El peregrino; La peregrina; La conducta del creyente; La gloria del templo; El pecador de Jerusalén es salvo; Las guerras de la famosa ciudad de Almahumana; Vida y muerte del hombre malo; El Sermón del monte; La higuera estéril; Discursos sobre la oración; El Viajero celestial; Gemidos de un alma en el infierno; La justificación es imputada;* etc., y mediten sobre ellas.

Juan Bunyan pasó más de doce años en la cárcel. Es fácil decir que fueron doce largos años, pero es difícil imaginar lo que eso realmente significa — pasó más de la quinta parte de su vida en la prisión, a la edad de mayor energía. Fue un cuáquero llamado Whitehead, el que consiguió que lo libertaran. Después que estuvo libre, fue a predicar en Bedford, Londres, y muchas otras ciudades. Llegó a ser tan popular, que lo apodaron de "Obispo Bunyan". Continuó su ministerio fielmente hasta la edad de sesenta años, cuando fue atacado de fiebre y falleció. Su tumba es visitada por decenas de millares de personas.

¿Cómo se explica el éxito de Juan Bunyan? El orador, el escritor, el predicador, el maestro de Escuela Dominical y el padre de familia, cada uno de ellos conforme a su oficio puede sacar un gran provecho con el estudio del estilo y de los méritos de sus escritos, a pesar de que Bunyan fue solamente un humilde hojalatero sin ninguna instrucción.

¿Pero cómo se puede explicar el maravilloso suceso de Bunyan? ¿Cómo podía una persona inculta predicar como él predicaba, y escribir en un estilo capaz de interesar al niño y al adulto, al pobre y al rey, al docto y al indocto? La única explicación de su éxito es que *él era un hombre que estaba en constante comunión con Dios.* A pesar de que su cuerpo estaba preso en la cárcel, su alma estaba libre. Porque fue allí, en una celda, donde Juan Bunyan tuvo las visiones descritas en sus libros: visiones mucho más reales que sus perseguidores y que las paredes que lo rodeaban. Mucho después que sus perseguidores desaparecieron de la tierra y esas paredes cayeron en el polvo, lo que Bunyan escribió, continúa iluminando y alegrando todas las generaciones de todos los lugares de la tierra.

Lo que vamos a referir a continuación, muestra la lucha que Bunyan sostenía con Dios cuando oraba:

"Hay en la oración, el momento de dejar al descubierto la propia persona, de abrir el corazón delante de Dios, de derramar el alma afectuosamente en peticiones, suspiros y gemidos: "Señor", dijo David, "delante de ti están todos mis deseos, y mi suspiro no te es oculto" (Salmo 38:9). Y otra vez: "Mi alma tiene sed de Dios, del Dios vivo; ¿cuándo vendré, y me presentaré delante de Dios? Me acuerdo de estas cosas, y derramo mi alma dentro de mí" (Salmos 42:2, 4).

En otra ocasión escribió: "A veces las mejores oraciones consisten más en gemidos que en palabras, y esas palabras no son más que la mera representación del corazón, vida y espíritu de tales oraciones."

Cómo él *insistía e importunaba* a Dios en sus oraciones, se ve claro en el párrafo siguiente: "Yo te digo: continúa tocando, llorando, gimiendo y suplicando; si El no se levanta para atenderte, por ser tú su amigo, al menos debido a tu insistencia El se levantará para darte todo lo que necesitas."

Indiscutiblemente, lo extraordinario de la vida de Juan Bunyan radicaba en su profundo conocimiento de las Sagradas Escrituras, que él tanto amaba, y en la perseverancia de sus oraciones a Dios, a quien adoraba. Si alguien dudase de que Bunyan siguió la voluntad de Dios durante los doce largos años que pasó en la prisión de Bedford, debe recordar que ese siervo de Cristo, al escribir *El peregrino* en la prisión, predicó un sermón que ya tiene casi tres siglos y que hoy se lee en ciento cuarenta lenguas. Es el libro de mayor circulación después de la Biblia. Sin tal dedicación a Dios, no habría sido posible alcanzar el incalculable fruto eterno de ese sermón predicado por un hojalatero lleno de la gracia de Dios.

# JONATAN EDWARDS

## El gran avivador

### 1703-1758

Hace dos siglos que el mundo habla del famoso sermón, *Pecadores en las manos de un Dios airado,* y de los oyentes que se agarraban a los bancos pensando que iban a caer en el fuego eterno. Ese hecho fue solamente uno de los muchos que ocurrieron en aquellas reuniones, en que el Espíritu Santo desvendaba los ojos de los presentes, para que contemplaran las glorias de los cielos y la realidad del castigo que está bien cerca de aquellos que están alejados de Dios.

Jonatán Edwards fue la persona que más sobresalió en ese avivamiento que se llamaba el "Gran despertamiento". Su vida es un destacado ejemplo de consagración al Señor, para el mayor desarrollo del entendimiento, y sin ningún interés personal, de dejar al Espíritu Santo que hiciera uso de ese mismo entendimiento como un instrumento en sus manos. Jonatán Edwards amaba a Dios, no solamente de corazón y alma, sino también con todo su *entendimiento.* "Su mente prodigiosa se apoderaba de las verdades más profundas." Sin embargo, "su alma era de hecho un santuario del Espíritu Santo". Bajo una calma exterior aparente, ardía el fuego divino, como un volcán.

Los creyentes de hoy le deben a ese héroe, gracias a

su perseverancia en orar y estudiar bajo la dirección del Espíritu, el retorno a varias doctrinas y verdades de la iglesia primitiva. Fue grande el fruto de la dedicación del hogar en que nació y se crió. Su padre fue pastor amado de una misma iglesia durante un período de sesenta y cuatro años. Su piadosa madre era hija de un predicador que pastoreó una iglesia durante más de cincuenta años.

De las diez hermanas de Jonatán, cuatro eran mayores que él y las otras seis eran menores. "Muchas fueron las oraciones que sus padres elevaron a Dios, para que su único y amado hijo varón fuese lleno del Espíritu Santo, y llegase a ser grande delante del Señor. No solamente oraban así, con fervor y constancia, sino que se dedicaron a criarlo con mucho celo para el servicio de Dios. Las oraciones hechas alrededor del fuego del hogar los inducían a esforzarse, y sus esfuerzos redoblados los estimulaban a orar más fervorosamente. . . Aquella enseñanza religiosa y constante hizo que Jonatán conociese íntimamente a Dios, cuando aún era muy pequeño."

Cuando Jonatán tenía siete u ocho años, hubo un avivamiento en la iglesia de su padre, y Jonatán se acostumbró a orar solito, cinco veces, todos los días, y a llamar a otros niños para que oraran con él.

Aquí citamos sus palabras sobre este asunto: "La primera experiencia, que recuerdo, de sentir en lo íntimo la delicia de Dios y de las cosas divinas, fue al leer las palabras de 1 Timoteo 1:17: '*Por tanto, al Rey de los siglos, inmortal, invisible, al único y sabio Dios, sea honor y gloria por los siglos de los siglos, Amén.*' Sentía la presencia de Dios hasta arderme el corazón y abrasarme el alma de tal manera, que no sé cómo describirla. . . Me gustaba pasar el tiempo mirando la luna, y de día, contemplaba las nubes y el cielo. Pasaba mucho tiempo observando la gloria de Dios, revelada en la naturaleza, y cantando mis contemplaciones del Creador y Redentor. Antes sentía mucho miedo al ver los relámpagos y oír el estruendo de los truenos. Sin embargo, más tarde me regocijaba al oír la majestuosa y terrible voz de Dios en la tronada."

Antes de cumplir los trece años, inició sus estudios en el Colegio de Yale, donde en el segundo año, leyó atentamente la famosa obra de Locke: *Ensayo sobre el entendimiento humano*. Se ve en sus propias palabras acerca de esa obra, el gran desarrollo intelectual del muchacho: "Encontré más gozo en su lectura, que el que siente el más ávido avaro al juntar grandes cantidades de oro y plata de tesoros recién adquiridos."

Edwards, antes de cumplir los diecisiete años, se graduó en el Colegio de Yale con las más altas calificaciones. Siempre estudiaba con mucho ahínco, pero también buscaba tiempo para estudiar la Biblia diariamente. Después de graduarse, continuó sus estudios en Yale, durante dos años, y entonces fue elegido para el ministerio.

Refiriéndose a esa época su biógrafo escribió acerca de su costumbre de dedicar ciertos días para ayunar, orar y hacer exámen de conciencia.

En lo que se refiere a su consagración, cuando tenía veinte años Edwards escribió: "Me dediqué solemnemente a Dios y lo hice por escrito, entregándome yo mismo y todo lo que me pertenecía al Señor, para no pertenecerme más en ningún sentido, para no consolarme como el que de una forma u otra se apoya en algún derecho. . . presentando así una batalla contra el mundo, la carne y Satanás, hasta el fin de mi vida."

Alguien se refirió a Jonatán de esta manera: "Su secreta, pero constante y solemne comunión con Dios hacía que su rostro resplandeciese delante de los hombres, y su apariencia, su semblante, sus palabras y todo su comportamiento estuvieron siempre revestidos de seriedad, gravedad y solemnidad."

A los veinticuatro años se casó con Sara Pierrepont, hija de un pastor, y de ese enlace nacieron, como en la familia del padre de Edwards, once hijos.

Al lado de Jonatán Edwards, en el Gran Despertamiento, estaba el nombre de Sara Edwards, su fiel esposa y colaboradora. Igual que su marido, ella nos sirve como ejemplo de rara intelectualidad, profundamente estudiosa, y entregada enteramente al servicio de Dios. Era conocida por su santa dedicación al hogar y a criar a sus hijos, y por la economía que practicaba, siguiendo las palabras de Cristo: "Para que nada se pierda." Pero, sobre todo, tanto ella como su marido eran conocidos por las experiencias que tenían en la oración. Se hace mención destacada de que, especialmente durante un período de tres años, a pesar de estar gozando de perfecta salud, repetidas veces ella se quedó sin fuerzas debido a las revelaciones de los cielos. Su vida entera era de intenso gozo en el Señor.

Jonatán Edwards acostumbraba pasarse estudiando y orando trece horas diarias. Su esposa también lo acompañaba diariamente en la oración. Después de la última comida, él dejaba todo cuanto estuviera haciendo, para pasar una hora con su familia.

Pero ¿cuáles fueron las doctrinas que la iglesia había olvidado y cuáles las que Edwards comenzó a enseñar y a observar de nuevo, con manifestaciones tan sublimes?

Basta una lectura superficial para descubrir que la doctrina a la cual dio más énfasis, fue la del nuevo nacimiento, como una experiencia cierta y definida en contraste con la idea de la Iglesia romana y de varias denominaciones, de que es suficiente aceptar una doctrina. Un gran número de creyentes despertó ante el peligro de pasarse la vida sin tener la seguridad de estar en el camino que lleva al cielo, cuando, en realidad, estaban a punto de caer en el infierno. No se podía esperar otra reacción sino que aquellos que fueron despertados se llenaran de gran espanto.

El evento que marcó el comienzo del Gran Despertamiento, fue una serie de sermones predicados por Edwards sobre la doctrina de la Justificación por la fe, que hizo que los oyentes sintieran la verdad de las Escrituras, de que toda boca permanecerá cerrada en el día del Juicio final, y que "no hay nada absolutamente que, por un momento, evite que el pecador caiga en el infierno, a no ser la buena voluntad de Dios".

Es imposible evaluar el grado del poder de Dios, derramado para despertar a millares de almas para la salvación, sin antes recordar las condiciones que prevalecían en las iglesias de Nueva Inglaterra y del mundo entero en aquella época. ¿Quién hasta hoy no se admira del heroísmo de los puritanos que colonizaron los bosques de Nueva Inglaterra? Sin embargo, esa gloria había quedado atrás y la iglesia, indiferente y llena de pecado, se encontraba cara a cara con el mayor desastre. Parecía que Dios no quería bendecir la obra de los puritanos, obra que existió únicamente para la gloria de Dios. Por eso, en el mismo grado que había habido coraje y ardor entre los pioneros, había entre sus hijos perplejidad y confusión. Si no podían alcanzar de nuevo la espiritualidad de la iglesia, sólo les quedaba esperar el juicio de los cielos.

El famoso sermón de Edwards: "Pecadores en las manos de un Dios airado", merece una mención especial.

El pueblo, al entrar para asistir al culto, mostraba un espíritu de indiferencia y hasta falta de respeto ante los cinco predicadores que estaban presentes.

Jonatán Edwards fue escogido para predicar. Era un hombre de dos metros de altura; su rostro tenía un aspecto casi femenino, y su cuerpo estaba muy enflaquecido de tanto ayunar y orar. Sin hacer ningún gesto, apoyado con un brazo sobre el púlpito, sosteniendo el manuscrito con la otra mano, hablaba en voz monótona. Su discurso se basó en el texto de Deuteronomio 32:35: "A su tiempo su pie resbalará."

Después de explicar ese pasaje, añadió que nada evitaba por un momento que los pecadores cayesen al infierno, a no ser la propia voluntad de Dios; que Dios estaba más encolerizado con algunos de los oyentes que con muchos de los que ya estaban en el infierno; que el pecado era como un fuego encerrado dentro del pecador y listo, con el permiso de Dios para transformarse en hornos de fuego y azufre, y que solamente la voluntad de Dios, indignado, los guardaba de una muerte instantánea.

Prosiguió luego, aplicando el texto al auditorio: "Ahí está el infierno con la boca abierta. No existe nada a vuestro alrededor sobre lo que os podáis afirmar y asegurar. Entre vosotros y el infierno existe sólo la atmósfera... hay en este momento nubes negras de la ira de Dios cerniéndose sobre vuestras cabezas, que presagian espantosas tempestades con grandes rayos y truenos. Si no fuese por la soberana voluntad de Dios, que es lo único que evita el ímpetu del viento hasta ahora, seríais destruidos y transformados en una paja de la era... El Dios que os sostiene en la mano sobre el abismo del infierno, más o menos como el hombre sostiene una araña u otro insecto repugnante sobre el fuego, por un momento, para dejarlo caer después, está siendo provocado en extremo... No sería de admirar si algunos de vosotros, que están llenos de salud y se encuentran en este momento tranquilamente sentados en esos bancos, traspusiesen el umbral de la eternidad antes de mañana. . .”

El resultado del sermón fue como si Dios hubiese arrancado un velo de los ojos de la multitud, para que contemplaran la realidad y el horror de la situación en que se encontraban. En ese punto, el sermón fue interrumpido por los gemidos de los hombres y los gritos de las mujeres, que se ponían de pie o caían al suelo. Fue como si un huracán soplase y destruyese un bosque. Durante la noche entera la ciudad de Enfield estuvo como una fortaleza sitiada. Oíase en casi todas las casas el clamor de las almas que, hasta aquella hora habían confiado en su propia justicia. Esperaban que en cualquier momento Cristo fuese a descender de los cielos, rodeado de los ángeles y de los apóstoles, y que las tumbas se abriesen para entregar a los muertos que en ellas había.

Tales victorias contra el reino de las tinieblas se ganaron de rodillas. Edwards no había abandonado ni había dejado de gozar los privilegios de las oraciones; una costumbre que él tenía desde niño. También continuó frecuentando los lugares solitarios del bosque, donde podía tener comunión con Dios. Como un ejemplo citamos la experiencia que él tuvo a los treinta y cuatro años de edad, cuando entró al bosque a caballo. Allí, postrado en tierra, le fue concedido tener una visión tan preciosa de la gracia, amor y humillación de Cristo como Mediador, que pasó una hora vencido por un torrente de lágrimas y llanto.

Como era de esperarse, el maligno trató de anular la obra gloriosa del Espíritu Santo en el “Gran Despertamiento,” atribuyéndolo todo al fanatismo. En su defensa Edwards escribió: “Dios, conforme a las Escrituras, hace cosas extraordinarias. Hay motivos para creer, según las profecías de la Biblia, que la más maravillosa de sus obras tendrá lugar en las últimas épocas del mundo. Nada se puede oponer a las manifestaciones físicas como son las lágrimas, gemidos, gritos, convulsiones, desmayos. . . En efecto, es natural esperar, al asociar la relación que existe entre el cuerpo y el espíritu, que tales cosas sucedan. Así hablan las Escrituras, refiriéndose al carcelero que se postró ante Pablo y Silas, angustiado y temblando. El salmista exclamó, bajo la convicción de pecado: "Se envejecieron mis huesos en mi gemir todo el día" (Salmo 32:3). Los discípulos, en la tempestad del lago, gritaron de miedo. La novia en el Cantar de los Cantares quedó vencida, por el amor de Cristo, hasta desfallecer. . ."

Lo cierto es que en Nueva Inglaterra comenzó, en 1740, uno de los mayores avivamientos de los tiempos modernos. También es cierto que ese movimiento se inició, no con los sermones célebres de Edwards, sino con la firme convicción que él tenía de que hay una "obra directa que el Espíritu divino realiza en el alma humana". Nótese bien: no fueron esos sermones monótonos, ni la elocuencia extraordinaria de algunos como Jorge Whitefield, sino la obra del Espíritu Santo en el corazón de los muertos espiritualmente, que, "comenzando en Northampton, se esparció por toda Nueva Inglaterra y por las colonias de América del Norte, llegando hasta Escocia e Inglaterra".

En un período de dos a tres años, la Iglesia de Cristo despertó de una época de la mayor decadencia, entre la escasa población de Nueva Inglaterra, siendo arrebatadas de treinta a cincuenta mil almas del infierno.

En medio de sus luchas, y cuando menos se esperaba, Jonatán Edwards dejó de existir. Apareció en Princeton una epidemia de viruelas y un hábil médico fue llamado de Filadelfia para vacunar a los estudiantes. Nuestro predicador y dos de sus hijas fueron vacunados también. Debido a la fiebre resultante de esa vacunación, las fuerzas de nuestro héroe fueron disminuyendo gradualmente, hasta que un mes después falleció.

Uno de sus biógrafos se refiere a él de la siguiente manera: "En todas partes del mundo donde se hablaba el inglés, (Edwards) era considerado como el mayor erudito desde los días del apóstol Pablo o de Agustín."

Para nosotros, la vida de Jonatán Edwards es una de las muchas pruebas de que Dios no quiere que despreciemos las facultades intelectuales que él nos concede, sino más bien que las desarrollemos, bajo la dirección del Espíritu Santo, y que se las entreguemos desinteresadamente para su uso exclusivo.

# JUAN WESLEY

## Tea arrebatada del fuego

### 1703-1791

A medianoche el cielo estaba iluminado por el reflejo sombrío de las llamas que devoraban vorazmente la casa del pastor Samuel Wesley. En la calle la gente gritaba: "¡Fuego! ¡Fuego!" Sin embargo, adentro la familia del pastor continuaba durmiendo tranquilamente, hasta que algunos escombros en llamas cayeron sobre la cama de Hetty, una de las hijas de la familia. La niña despertó sobresaltada y corrió al cuarto de su padre. Sin poder salvar absolutamente nada de las llamas, la familia tuvo que salir de la casa vistiendo apenas la ropa de dormir, en una temperatura helada.

El ama, al despertarse con la alarma, sacó rápidamente de la cuna al menor de los hijos, Carlos. Llamó a los otros niños, insistiendo que la siguiesen y bajó la escalera; sin embargo, Juan, que sólo tenía cinco años y medio, se quedó durmiendo.

Por tres veces la madre, Susana Wesley, que estaba enferma, tentó en vano subir la escalera. Dos veces el padre intentó, sin lograrlo, pasar por en medio de las llamas corriendo. Consciente del peligro inminente, juntó a toda su familia en el jardín donde todos cayeron de rodillas y suplicaron a Dios por la vida del niño que estaba dentro de la casa presa del fuego.

Mientras la familia oraba en el jardín, Juan se despertó y después de tratar inútilmente de bajar por las escaleras, se trepó sobre un baúl que estaba frente a una ventana, donde uno de los vecinos lo vio parado. El vecino llamó a otras personas y concibieron el plan de que uno de ellos trepara sobre sus hombros y un tercer hombre igualmente trepara sobre los hombros del segundo, hasta alcanzar a la criatura. De esa manera Juan se salvó de morir en la casa en llamas, rescatado apenas unos momentos antes de que el techo se desplomase con gran estrépito.

Los valientes vecinos que lo salvaron, llevaron al niño a los brazos de su padre. "Vengan, amigos", gritó Samuel Wesley al recibir a su hijito, "arrodillémonos y demos gracias a Dios! El me ha restituido a mis ocho hijos; dejen que la casa arda; tengo recursos suficientes." Quince minutos más tarde la casa, los libros, documentos y mobiliario ya no existían.

Años después, en cierta publicación apareció el retrato de Juan Wesley, y al pie del mismo se veía la ilustración de una casa ardiendo, y junto a ella la siguiente inscripción: *¿No es éste un tizón arrebatado del incendio?* (Zacarías 3:2).

En los escritos de Wesley se encuentra la siguiente referencia interesante sobre ese histórico siniestro: "El 9 de febrero de 1750, durante un culto de vigilia, cerca de las once de la noche, recordé que era precisamente ése el día y la hora en que, cuarenta años atrás, me habían arrebatado de las llamas. Aproveché entonces la ocasión para relatar ese hecho de la maravillosa providencia. Las alabanzas y las acciones de gracias se elevaron a los cielos, y fue muy grande el regocijo demostrado al Señor." Tanto el pueblo como Juan Wesley ya sabían para entonces por qué el Señor lo había librado del incendio.

El historiador Lecky se refiere al Gran Avivamiento como la influencia que salvó a Inglaterra de una revolución igual a la que, en la misma época, dejó a Francia en ruinas. De los cuatro personajes que se destacaron en el Gran Avivamiento, Juan Wesley fue el que más se distinguió. Jonatán Edwards, que nació en el mismo año que Wesley, falleció treinta y tres años antes que éste; Jorge Whitefield, nacido once años después que Wesley, falleció veinte años antes que él, y Carlos Wesley tomó parte efectiva en el movimiento por un período de dieciocho años solamente, mientras que Juan continuó durante medio siglo.

Pero para que la biografía de este célebre predicador sea completa, es necesario incluir la historia de su madre, Susana. En efecto, es como cierto biógrafo escribió: "No se puede narrar la historia del Gran Avivamiento que tuvo lugar en Inglatera el siglo pasado (XVIII), sin conceder una gran parte de la honra merecida a la madre de Juan y Carlos Wesley; no solamente debido a la educación que inculcó profundamente en sus hijos, sino por la dirección que le dio al avivamiento.

La madre de Susana era hija de un predicador. Dedicada a la obra de Dios, se casó con el eminente ministro, Samuel Annesley. De los veinticinco hijos de ese enlace, Susana era la vigésima cuarta. Durante su vida siguió el ejemplo de su madre, empleando una hora de la madrugada y otra hora de la noche para orar y meditar sobre las Escrituras. Por lo que escribió cierto día, se puede apreciar cómo ella se dedicaba a la oración: "Alabado sea Dios por todo el día que nos comportamos bien. Pero todavía no estoy satisfecha, porque no disfruto mucho de Dios. Sé que aún estoy demasiado lejos de El; anhelo tener mi alma más íntimamente unida a El mediante la fe y el amor."

Juan fue el decimoquinto de los diecinueve hijos de Samuel y Susana Wesley. Lo que vamos a transcribir, escrito por la madre de Juan, muestra cómo ella era fiel en "mandar a sus hijos y a su casa después de sí" (Génesis 18:19).

"Para formar la mente del niño, lo primero que se debe hacer es dominarle la voluntad. La obra de instruir su intelecto lleva tiempo y debe ser gradual, conforme a la capacidad de la criatura. Pero la voluntad del niño debe ser subyugada de una vez, y cuanto más pronto, mejor... Después se puede gobernar al niño haciendo uso del razonamiento y el amor de los padres, hasta que el niño alcance una edad en que tenga uso de razón."

El célebre comentarista de la Biblia, Adán Clark, escribió lo siguiente acerca de Samuel y Susana Wesley y sus hijos: "Nunca he leído ni he oído hablar de una familia como ésta, a la cual la raza humana le deba tanto, ni tampoco conozco ni ha existido otra igual desde los días de Abraham y Sara, y de José y María de Nazaret."

Susana Wesley creía que "el que detiene el castigo, a su hijo aborrece" (Proverbios 13:24), y no consentía que sus hijos llorasen en voz alta. Por eso, a pesar de que su casa estaba llena de niños, nunca había escenas desagradables ni alborotos en el hogar del pastor. Nunca, ninguno de sus hijos obtuvo nada que quería, mediante el llanto en la casa de Susana Wesley.

Susana marcaba el quinto cumpleaños de cada hijo como el día en que debían aprender el alfabeto, y todos, con excepción de dos, cumplieron la tarea en el tiempo señalado. Al siguiente día en que el niño cumplía los cinco años y aprendía el alfabeto, empezaba su curso de lectura, iniciándolo con el primer versículo de la Biblia.

Desde muy pequeños, los niños en el hogar de Samuel Wesley y su esposa, aprendieron el valor que tiene la observación fiel de los cultos. No hay en otras historias hechos tan profundos y conmovedores, como los que se cuentan acerca de los hijos de Samuel y Susana Wesley, pues antes de que ellos hubiesen aprendido a arrodillarse o a hablar, se les enseñaba a dar gracias por el alimento mediante gestos apropiados. Cuando aprendían a hablar, repetían el Padrenuestro por la mañana y por la noche; además se les enseñaba que añadiesen otras peticiones, según ellos deseaban. . . Al llegar a una edad apropiada, se les designaba un día de la semana a cada hijo, a fin de conversar particularmente con cada uno sobre sus "dudas y problemas".

En la lista aparece el nombre de Juan para los miércoles y el de Carlos para los sábados. Para cada uno de los niños 'su día' se volvió un día precioso y memorable. . . Es conmovedor leer lo que Juan Wesley, veinte años después de haber salido de su casa paterna, dijo a su madre: "En muchas cosas usted, madre mía, intercedió por mí y ha prevalecido. Quién sabe si ahora también su intercesión para que yo renuncie enteramente al mundo, dé buen resultado. . . Sin duda será eficaz para corregir mi corazón, como otrora lo fue para formar mi carácter."

Después del espectacular salvamento de Juan del incendio, su madre, profundamente convencida de que Dios tenía grandes planes para su hijo, resolvió firmemente educarlo para servir y ser útil en la obra de Cristo. Susana escribió estas palabras en sus meditaciones particulares: "Señor, me esforzaré más definidamente por este niño al cual salvaste tan misericordiosamente. Procuraré transmitirle fielmente, para que se graben en su corazón, los principios de tu religión y virtud. Señor, concédeme la gracia necesaria para realizar este propósito sincera y sabiamente, y bendice mis esfuerzos coronándolos con el éxito."

Ella fue tan fiel en cumplir su resolución, que a la edad de ocho años, Juan fue admitido a participar de la Cena del Señor.

En el hogar de Samuel Wesley nunca se omitía el culto doméstico del programa del día. Fuese cual fuese la ocupación de los miembros de la familia, o de los criados, todos se reunían para adorar a Dios. Cuando su marido se ausentaba, Susana, con el corazón encendido por el fuego del cielo dirigía los cultos. Se cuenta que cierta vez, cuando la ausencia del esposo se prolongó más de lo acostumbrado, de treinta a cuarenta personas asistían a los cultos celebrados en el hogar de los Wesley, y el hambre de la Palabra de Dios aumentó tanto, que la casa se llenaba con las personas de la vecindad que asistían a los cultos.

La familia del pastor Samuel Wesley era muy pobre, pero mediante la influencia del Duque de Buckingham, consiguieron un lugar para Juan en la escuela de Londres. De esa manera el chico, antes de cumplir once años, se alejó de la fragante atmósfera de oración fervorosa, para enfrentar las porfías de una escuela pública. Sin embargo, Juan no se contagió en el ambiente pecaminoso que lo rodeaba. Además, continuó manteniéndose físicamente fuerte, gracias a que obedecía fielmente el consejo de su padre de que corriese tres veces, de madrugada, alrededor del gran jardín de la escuela. De ahí en adelante fue norma de su vida cuidar del vigor de su cuerpo. A los 80 años, a pesar de su físico desmejorado, consideraba como cosa normal andar a pie una legua y media para ir a predicar.

Sobre la influencia que Juan llegó a ejercer sobre sus colegas de la escuela, se cuenta lo siguiente: Cierto día el portero, al ver que los niños no estaban en la terraza de recreo, comenzó a buscarlos y los halló en una de las aulas, congregados alrededor de Juan. Este les estaba contando historias instructivas, que los atraían más que el recreo.

Refiriéndose a ese tiempo, Juan Wesley escribió: "Yo participaba de varias cosas que sabía que eran pecado, aun cuando no fuesen escandalosas para el mundo. Con todo, continué leyendo las Escrituras y orando por la mañana y por la noche. Consideraba los siguientes puntos como las bases de mi salvación: (1) No me consideraba tan perverso como mis semejantes. (2) Conservaba la inclinación de ser religioso. (3) Leía la Biblia, asistía a los cultos y oraba."

Después de estudiar durante seis años en la escuela, Wesley fue a estudiar en Oxford, y llegó a dominar el latín, griego, hebreo y francés. Pero su interés principal no estaba en cultivar el intelecto. A ese respecto se expresó así: "Comencé a reconocer que el corazón es la fuente de la religión verdadera. . . reservé entonces dos horas cada día para quedarme a solas con Dios. Participaba de la Cena del Señor cada ocho días. Me guardaba de todo pecado, tanto de palabras como de obras. Así pues, basándome en las obras buenas que practicaba, me consideraba un buen creyente."

Juan se esforzaba para levantarse diariamente a las cuatro de la mañana. Por medio de las notas que escribía, dejando constancia de todo lo que hacía durante el día, conseguía controlar su tiempo, a fin de no desperdiciar un solo momento. Esa buena costumbre la practicó hasta casi el último día de su vida.

Un día, siendo aún joven, asistió a un entierro en compañía de un muchacho, y consiguió llevarlo a Cristo, ganando así la primera alma para su Salvador. Algunos meses más tarde, a la edad de 24 años, y después de un período de oración, fue separado para el diaconado.

Cuando estudiaba en Oxford, un pequeño grupo de estudiantes acostumbraba reunirse allí diariamente para orar y estudiar las Escrituras juntos; además, ayunaban los miércoles y viernes, visitaban a los enfermos y a los encarcelados, y consolaban a los criminales en la hora de su ejecución. Todas las mañanas y todas las noches cada uno de ellos pasaba una hora apartado, orando solo. Durante las oraciones se detenían de vez en cuando para observar si oraban con el debido fervor. Siempre oraban al entrar y al salir de los cultos de la iglesia. Más tarde, tres de los miembros de ese grupo llegaron a ser famosos entre los creyentes: (1) Juan Wesley, que tal vez hizo más que cualquier otra persona para enraizar la vida espiritual, no sólo de entonces, sino también de nuestro tiempo. (2) Carlos Wesley, que llegó a ser uno de los más famosos y espirituales escritores de himnos evangélicos; y (3) Jorge Whitefield, que llegó a ser un predicador al aire libre que conmovía a las multitudes.

En aquel tiempo se sentía la influencia de Juan Wesley por toda la América, la que aún persiste en nuestros días, a pesar de que él permaneció menos de dos años en este continente, y eso en un período de su vida en que se encontraba perturbado a causa de la duda. Aceptó un llamado que le hicieron para que predicase el evangelio a los habitantes de la colonia de Georgia, con el deseo de ganar su salvación por medio de buenas obras. Pensó que la vanidad y la ostentación del mundo no se encontrarían en los bosques de América.

Durante el viaje, en el navío que lo trajo a la América del Norte, observó, como era característico de su vida, junto con otros de su grupo, un programa de trabajo para no desperdiciar un momento del día. Se levantaba a las cuatro de la mañana y se acostaba después de las nueve. Las tres primeras horas del día las dedicaba a la oración y al estudio de las Escrituras. Después de cumplir todo lo que estaba indicado en el programa del día, era tanto su cansancio, que ni el bramido del mar ni el balanceo del navío conseguían perturbar su sueño, mientras dormían sobre un cobertor extendido en la cubierta.

En Georgia, la población entera afluía en masa a la iglesia para oírlo predicar. La influencia de sus sermones fue tal que, después de diez días, una sala de baile quedó casi desierta, mientras la iglesia se llenaba de personas que oraban y recibían su salvación.

Whitefield, que desembarcó en Georgia algunos meses después que Wesley volvió a Inglaterra, se expresó así sobre lo que vio: "El éxito de Juan Wesley en América es indescriptible. Su nombre es muy apreciado por el pueblo, donde echó los cimientos que ni los hombres ni los demonios podrán conmover. ¡Oh, que yo pueda seguirlo como él siguió a Cristo!" Con todo, a Wesley le faltaba un cosa muy importante, como se ve por los acontecimientos que lo hicieron salir de Georgia, conforme él mismo lo escribió:

"Hace casi dos años y cuatro meses que dejé mi tierra natal para ir a predicar a Cristo a los indios de Georgia; pero ¿qué llegué a saber? Vine a saber lo que menos me esperaba: que yo que fui a América para convertir a otros, nunca me había convertido a Dios."

Después de volver a Inglaterra, Juan Wesley comenzó a servir a Dios con la fe de un hijo y no más con la fe de un simple siervo. Acerca de este asunto, he aquí lo que él escribió: "No me daba cuenta de que esta fe nos es dada instantáneamente, que el hombre podía salir de las tinieblas a la luz inmediatamente, del pecado y de la miseria a la justicia y al gozo del Espíritu Santo. Examiné de nuevo las Escrituras sobre este punto, especialmente los Hechos de los Apóstoles. Quedé grandemente maravillado al ver casi solamente conversiones instantáneas; casi ninguna tan demorada como la de Saulo de Tarso." Desde entonces Wesley comenzó a sentir más hambre y sed de justicia, la justicia de Dios por la fe.

Había fracasado, por así decir, en su primer intento de predicar el evangelio en América, porque a pesar de su celo y bondad de carácter, el cristianismo que poseía era algo que había recibido por instrucción. Pero la segunda etapa de su ministerio se destacó por un éxito fenomenal. ¿Por qué? Porque el fuego de Dios ardía en su alma; había llegado a tener contacto directo con Dios mediante una experiencia personal.

Relatamos aquí, con sus propias palabras, su experiencia en que el Espíritu testificó a su espíritu que era hijo de Dios — experiencia que transformó completamente su vida:

"Eran casi las cinco de la mañana hoy, cuando abrí el Testamento y encontré estas palabras: "(El) nos ha dado preciosas y grandísimas promesas, para que por ellas llegaseis a ser participantes de la naturaleza divina" (2 Pedro 1:4). Antes de salir, abrí el Testamento y leí estas palabras: "No estáis lejos del reino de Dios"... Anoche me sentí impelido a ir a Aldersgate... Sentí el corazón abrasado; confié en Cristo, solamente en Cristo, creí para la salvación; me fue dada la certeza de que El llevó *mis* pecados y de que *me* salvó de la ley del pecado y de la muerte. Comencé a orar con todas mis fuerzas... y testifiqué a todos los presentes de lo que sentía en mi corazón."

Después de esa experiencia en Aldersgate, Wesley aspiraba bendiciones aún mayores del Señor, conforme él mismo escribió: Suplicaba a Dios que cumpliese todas sus promesas en mi alma. No mucho tiempo después el Señor honró en parte este anhelo, mientras oraba con Carlos, Whitefield y cerca de otros sesenta creyentes en Fetter Lane." Son de Juan Wesley estas palabras también: "Eran cerca de las tres de la mañana y nosotros continuábamos perseverando en nuestras oraciones (Romanos 12:12), cuando nos sobrevino el poder de Dios de tal manera, que exclamamos impulsados por un gran gozo, y muchos de los presentes cayeron al suelo. Luego, cuando pasó un poco el temor y la sorpresa que sentimos en presencia de su majestad, exclamamos en una sola voz: 'Te alabamos, oh Dios, te aceptamos como nuestro Señor.'"

Esa unción del Espíritu Santo dilató grandemente los horizontes espirituales de Wesley; su ministerio se volvió excepcionalmente fructífero y él trabajó ininterrumpidamente durante 53 años, con el corazón abrasado por el amor divino.

Un pastor predica un promedio de cien veces por año, pero el promedio de Juan Wesley fue de 780 veces por año durante 54 años. Ese hombrecito, cuya altura era de apenas un metro y sesenta y seis centímetros; que pesaba menos de sesenta kilos, se dirigió a grandes multitudes, y bajo las mayores tribulaciones. Cuando las iglesias le cerraron las puertas, se irguió para predicar al aire libre.

A pesar de enfrentar una apatía espiritual casi general en los creyentes, y una ola de perversión y crímenes extendida por todo el país, afluían multitudes de 5 a 20 mil personas para escuchar sus sermones. Era común en esos cultos que los pecadores se sintieran tan angustiados, que llegaban a gritar y a gemir. Si célebres materialistas, tales como Voltaire y Tomás Paine, gritaron convencidos al encontrarse con Dios en el lecho de muerte, no es de admirarse que centenares de pecadores gimiesen, gritasen y cayesen al suelo, como muertos, cuando el Espíritu

Santo les hacía sentir la presencia de Dios. Era así como multitudes de perdidos se convertían en nuevas criaturas en Cristo Jesús en los cultos de Juan Wesley. Muchas veces los oyentes eran transportados a las alturas del amor, del gozo y de la admiración, y recibían también visiones de la perfección divina y de las excelencias de Cristo, a tal extremo de permanecer varias horas como muertos. (Véase Apocalipsis 1:17.)

Como todos los que invaden el territorio de Satanás, los hermanos Carlos y Juan Wesley tuvieron que sufrir terribles persecuciones. En Morfield los enemigos del evangelio acabaron con el culto destruyendo la mesa en que Juan se subía para predicar, y lo insultaron y maltrataron. En Sheffield la casa fue demolida sobre la cabeza de los creyentes. En Wednesbury destruyeron las casas, la ropa y los muebles de los creyentes, dejándolos a la intemperie, expuestos a la nieve y al temporal. Varias veces Juan Wesley fue apedreado y arrastrado como muerto en la calle. Cierta vez fue abofeteado en la boca y en la cara, y golpeado en la cabeza, hasta quedar cubierto de sangre.

Pero la persecución de parte de la iglesia en decadencia era su mayor cruz. Fueron denunciados como "falsos profetas", "charlatanes", "impostores arrogantes", "hombres diestros en la astucia espiritual", "fanáticos", etc., etc. Al volver a visitar Epworth, que fue donde nació y se crió, Juan asistió el domingo al culto de la mañana y al de la tarde, en la misma iglesia donde su padre había sido fiel pastor durante muchos años; pero no le concedieron la oportunidad de hablar al pueblo. A las seis de la tarde, Juan, de pie sobre el monumento que marcaba el lugar donde habían enterrado a su padre, al lado de la iglesia, predicó ante el mayor auditorio jamás visto en Epworth — y Dios salvó a muchas almas.

¿Cuál era la causa de una oposición tan grande? Los creyentes de la iglesia durmiente alegaban que se debía a sus predicaciones sobre la justificación por la fe y la santificación. Los descreídos no lo querían, porque "hacía que el pueblo se levantase a las cinco de la mañana para cantar himnos".

Juan Wesley no solamente predicaba más que los otros predicadores, sino que los excedía como pastor, exhortando y consolando a los creyentes, yendo de casa en casa.

En sus viajes andaba tanto a caballo como a pie, así en días asoleados, como en días lluviosos, o bajo tormentas de nieve, cuando la mayoría de los predicadores viajaban en navíos o en trenes. Durante los 54 años de su ministerio anduvo un promedio de más de 7 mil kilómetros por año, para llegar a los lugares donde tenía que predicar.

Ese hombrecito que caminaba 7 mil kilómetros por año, aún tuvo tiempo para la vida literaria. Leyó no menos de 1.200 volúmenes, la mayor parte de ellos mientras andaba a caballo. Escribió una gramática hebrea, otra latina y otras más de francés e inglés. Sirvió durante muchos años como redactor de un periódico de 56 páginas. El diccionario completo de la lengua inglesa, que él compiló, fue muy popular, y su comentario sobre el Nuevo Testamento todavía tiene una gran circulación. Escogió una biblioteca de 50 volúmenes que revisó y volvió a publicar compendiada en una obra de 30 volúmenes. El libro que escribió sobre la filosofía natural tuvo una gran aceptación entre el ministerio. Compiló una obra de cuatro volúmenes sobre la historia de la iglesia. Escribió y publicó un libro sobre la historia de Roma y otro sobre Inglaterra. Preparó y publicó tres volúmenes sobre medicina y seis de música para los cultos. Después de su experiencia que tuvo lugar en Fetter

Lane, él y su hermano Carlos escribieron y publicaron 54 himnarios. Se dice que en total escribió más de 230 libros.

Ese hombre de físico endeble, poco antes de cumplir 88 años escribió: "Hasta después de los 86 años no he sentido ningún achaque propio de la vejez; mis ojos nunca se nublaron, ni perdí mi vigor." A los 70 años predicó ante un auditorio de 30 mil personas, al aire libre, y fue escuchado por todos. A los 86 años hizo un viaje a Irlanda, donde, además de predicar seis veces al aire libre, predicó cien veces en sesenta ciudades. Uno de sus oyentes al referirse a Wesley dijo: "Su espíritu era tan vivo como a los 53 años, cuando lo encontré por la primera vez."

Su salud la atribuyó a la observancia de las siguientes reglas: "(1) Al ejercicio constante y al aire fresco. (2) Al hecho de que nunca, ni enfermo ni con salud, ni en tierra ni en el mar, perdió una noche de sueño desde su nacimiento. (3) A su fácil disposición para dormir, de día o de noche, al sentirse cansado. (4) A levantarse por más de sesenta años a las cuatro de la mañana. (5) A la costumbre de predicar siempre a las cinco de la mañana durante más de cincuenta años. (6) Al hecho de que casi nunca sufrió dolores, desánimo o enfermedad de cuidado durante toda su vida."

No nos debemos olvidar de la fuente de ese vigor que Juan Wesley poseía. Pasaba dos horas diarias o más en oración. Iniciaba el día a las cuatro de la mañana. Cierto creyente que lo conocía íntimamente, escribió así acerca de él: "Consideraba a la oración como lo más importante de su vida y lo he visto salir de su cuarto con el alma tan serena, que ésta se reflejaba en su rostro el cual brillaba."

Ninguna historia de la vida de Juan Wesley estaría completa si no se mencionasen los cultos de vigilia que se realizaban una vez por mes entre los creyentes. Esos cultos se iniciaban a las ocho de la noche y continuaban hasta después de la medianoche —o hasta que descendiese el Espíritu Santo sobre ellos. Tales cultos se basaban en las referencias que hace el Nuevo Testamento a noches enteras pasadas en oración. En efecto, alguien hizo el siguiente comentario sobre este asunto: "Se explica el poder de Wesley por el hecho de que él era un *homo uníus libri*, es decir, un hombre de un solo libro, y ese Libro era la Biblia."

Wesley escribió poco antes de su muerte: "Hoy pasamos el día en ayuno y oración para que Dios extendiese su obra. Solamente nos retiramos después de una noche de vigilia, en la cual el corazón de muchos hermanos recibió un gran consuelo."

En su diario Juan Wesley escribió entre otras cosas, lo siguiente sobre la oración y el ayuno: "Cuando yo estudiaba en Oxford. . . ayunábamos los miércoles y los viernes, como hacían los creyentes primitivos en todos los lugares. Epifanio (310-403) escribió: "¿Quién no sabe que los creyentes del mundo entero ayunan los miércoles y los viernes? Wesley continuó: "No sé por qué ellos guardaban esos dos días, pero es una buena regla; si a ellos les servía, también a mí. Sin embargo, no quiero dar a entender que esos dos sean los únicos días de la semana para ayunar, pues muchas veces es necesario ayunar más de dos días. Es muy importante que permanezcamos solos y ante la presencia de Dios cuando ayunamos y oramos, para que podamos percibir la voluntad de Dios y El pueda guiarnos. En los días de ayuno debemos hacer todo lo posible para permanecer alejados de nuestras amistades y de las diversiones, aun cuando éstas sean lícitas en otras ocasiones."

El gozo que sentía al predicar al aire libre no disminuyó con la vejez; el 7 de octubre de 1790 predicó por última vez de esa manera, sobre el texto: "El reino de Dios se ha acercado, arrepentíos, y creed en el evangelio." La Palabra se manifestó con gran poder y las lágrimas de la gente corrían en abundancia.

Uno por uno, sus fieles compañeros de lucha, inclusive su esposa, fueron llamados para el descanso, pero Juan Wesley continuaba trabajando. A la edad de 85 años, su hermano Carlos fue también llamado y Juan se sentó ante la multitud, cubriendo el rostro con las manos, para esconder las lágrimas que le corrían por el rostro. Su hermano, a quien tanto había amado por tanto tiempo, había partido y él ahora tenía que trabajar solo.

El 2 de marzo de 1791, cuando casi iba a cumplir los 88 años, dio fin a su carrera terrestre. Durante toda la noche anterior sus labios no cesaron de pronunciar palabras de adoración y de alabanza. Su alma se inundó de alegría con la anticipación de las glorias del hogar eterno y exclamó: "Lo mejor de todo es que Dios está con nosotros." Entonces, levantando la mano como si fuese la señal de la victoria, nuevamente repitió: "Lo mejor de todo es que Dios está con nosotros." A las diez de la mañana, mientras los creyentes rodeaban el lecho orando, él dijo: "Adiós", y así compareció a la presencia del Señor.

Un creyente que asistió a su muerte, se refirió a ese acto de la siguiente manera: "¡La presencia divina se sentía sobre todos nosotros; no existen palabras para describir lo que vimos en su semblante! Mientras más lo contemplábamos, más veíamos reflejado en su rostro parte del cielo indescriptible."

Se calcula que diez mil personas desfilaron ante su ataúd para ver el rostro que tenía una sonrisa celestial. Debido a la enorme multitud que afluyó para honrarlo, fue necesario enterrarlo a las cinco de la mañana.

Juan Wesley nació y se crió en un hogar donde no había abundancia de pan. Con la venta de los libros que escribió, ganó una fortuna con la cual contribuía a la causa de Cristo; al fallecer, dejó en el mundo: "dos cucharas, una tetera de plata, un abrigo viejo" y decenas de millares de almas, salvadas en una época de tétrica decadencia espiritual.

La tea que fue arrebatada del fuego en Epworth, comenzó a arder intensamente en Aldersgate y Fetter Lane, y desde entonces continúa iluminando millones de almas en el mundo entero.

# JORGE WHITEFIELD

## Predicador al aire libre

## 1714-1770

Más de 100 mil hombres y mujeres rodeaban al predicador hace doscientos años en Cambuslang, Escocia. Las palabras del sermón, vivificadas por el Espíritu Santo, se oían claramente en todas partes donde se encontraba ese mar humano. Es difícil hacerse idea del aspecto de la multitud de *10 mil penitentes* que respondieron al llamado para aceptar al Salvador. Estos acontecimientos nos sirven como uno de los pocos ejemplos del cumplimiento de las palabras de Jesús: "De cierto, de cierto os digo: El que en mí cree, las obras que yo hago, él las hará también; y aun mayores hará, porque yo voy al Padre" (Juan 14:12).

Había "como un fuego ardiente metido en los huesos" de este predicador, que era Jorge Whitefield. Ardía en él un santo celo de ver a todas las personas liberadas de la esclavitud del pecado. Durante un período de veintiocho días realizó la increíble hazaña de predicar a diez mil personas diariamente. Su voz se podía oír perfectamente a más de un kilómetro de distancia, a pesar de tener una constitución física delgada y de adolecer de un problema pulmonar. Todos los edificios resultaban pequeños para contener esos enormes auditorios, y en los países donde predicó, instalaba su púlpito en los campos, fuera de las ciudades. Whitefield merece el título de *príncipe de los predicadores al aire libre*, porque predicó un promedio de diez veces por semana, durante un período de treinta y cuatro años, la mayoría de las veces bajo el techo construido por Dios, que es el cielo.

La vida de Jorge Whitefield fue un milagro. Nació en una taberna de bebidas alcohólicas. Antes de cumplir tres años, su padre falleció. Su madre se casó nuevamente, pero a Jorge se le permitió continuar sus estudios en la escuela. En la pensión de su madre él hacía la limpieza de los cuartos, lavaba la ropa y vendía bebidas en el bar. Por extraño que parezca, a pesar de no ser aún salvo, Jorge se interesaba grandemente en la lectura de las Escrituras, leyendo la Biblia hasta altas horas de la noche y *preparando sermones*. En la escuela se lo conocía como orador. Su elocuencia era natural y espontánea, un don extraordinario de Dios que poseía sin siquiera saberlo.

Se costeó sus propios estudios en Pembroke College, Oxford, sirviendo como mesero en un hotel. Después de estar algún tiempo en Oxford, se unió al grupo de estudiantes a que pertenecían Juan y Carlos Wesley. Pasó mucho tiempo, como los demás de ese grupo, ayunando y esforzándose en mortificar la carne, a fin de alcanzar la salvación, sin comprender que "la verdadera religión es la unión del alma con Dios y la formación de Cristo en nosotros".

Acerca de su salvación escribió poco antes de su muerte: "Sé el lugar donde... Siempre que voy a Oxford, me siento impelido a ir primero a ese lugar donde Jesús se me reveló por primera vez, y me concedió mi nuevo nacimiento."

Con la salud quebrantada, quizás por el exceso de estudio, Jorge volvió a su casa para recuperarla.

Resuelto a no caer en el indiferentismo, estableció una clase bíblica para jóvenes que como él, deseaban orar y crecer en la gracia de Dios. Diariamente visitaban a los enfermos y a los pobres, y, frecuentemente, a los presos en las cárceles, para orar con ellos y prestarles cualquier servicio manual que pudiesen.

Jorge tenía en el corazón un plan que consistía en preparar cien sermones y presentarse para ser destinado al ministerio. Sin embargo, era tanto su celo que cuando apenas había preparado un solo sermón, ya la iglesia insistía en ordenarlo, teniendo él apenas veintiún años, a pesar de existir un reglamento que prohibía aceptar a ninguna persona menor de 23 años para tal cargo.

El día anterior a su separación para el ministerio lo pasó en ayuno y oración. Acerca de ese hecho, él escribió: "En la tarde me retiré a un lugar alto cerca de la ciudad, donde oré con insistencia durante dos horas pidiendo por mí y también por aquellos que iban a ser separados junto conmigo. El domingo me levanté de madrugada y oré sobre el asunto de la epístola de San Pablo a Timoteo, especialmente sobre el precepto: *"Ninguno tenga en poco tu juventud."* Cuando el presbítero me impuso las manos, si mi vil corazón no me engaña, ofrecí todo mi espíritu, alma y cuerpo para el servicio del santuario de Dios. . . Puedo testificar ante los cielos y la tierra, que me di a mí mismo, cuando el presbítero me impuso las manos, para ser un mártir por Aquel que fue clavado en la cruz en mi lugar."

Los labios de Whitefield fueron tocados por el fuego divino del Espíritu Santo en ocasión de su separación para el ministerio. El domingo siguiente, en esa época de frialdad espiritual, predicó por primera vez. Algunos se quejaron de que quince de los oyentes "enloquecieron" al escuchar el sermón.

Sin embargo, el presbítero al comprender lo que pasaba, respondió que sería muy bueno que los quince no se olvidasen de su "locura" antes del siguiente domingo.

Whitefield nunca se olvidó ni dejó de aplicar las siguientes palabras del doctor Delaney: "Deseo, todas las veces que suba al púlpito, considerar esa oportunidad como la última que se me concede para predicar y la última que la gente va a escuchar." Alguien describió así una de sus predicaciones: "Casi nunca predicaba sin llorar y sé que sus lágrimas eran sinceras. Lo oí decir: 'Vosotros me censuráis porque lloro. Pero, ¿cómo puedo contenerme, cuando no lloráis por vosotros mismos, a pesar de que vuestras almas inmortales están al borde de la destrucción? No sabéis si estáis oyendo el último sermón o no, o jamás tendréis otra oportunidad de llegar a Cristo.'" A veces lloraba hasta parecer que estaba muerto y a mucho costo recuperaba las fuerzas. Se dice que los corazones de la mayoría de los oyentes se derretían ante el calor intenso de su espíritu, como la plata se derrite en el horno del refinador.

Cuando era estudiante del colegio de Oxford, su corazón ardía de celo, y pequeños grupos de alumnos se reunían en su cuarto diariamente; se sentían impelidos como los discípulos se sintieron después del derramamiento del Espíritu Santo el día de Pentecostés. El Espíritu continuó obrando poderosamente en él y por él durante el resto de su vida, porque nunca abandonó la costumbre de buscar la presencia de Dios. Dividía el día en tres partes: ocho horas solo con Dios y dedicado al estudio, ocho horas para dormir y tomar sus alimentos, y ocho horas para el trabajo entre la gente. De rodillas leía las Escrituras y oraba sobre esa lectura, y así recibía luz, vida y poder. Leemos que en una de sus visitas a los Estados Unidos, "pasó la mayor parte del viaje a bordo solo, orando". Alguien escribió sobre él: "Su corazón se llenó tanto de los cielos, que anhelaba tener un lugar donde pudiese agradecer a Dios; y completamente solo, durante horas, lloraba conmovido por el amor de su Señor que lo consumía." Las experiencias que tenía en su ministerio confirmaban su fe en la doctrina del Espíritu Santo, como el Consolador todavía vivo, el Poder de Dios que obra actualmente entre nosotros.

Jorge Whitefield predicaba en forma tan vívida que parecía casi sobrenatural. Se cuenta que cierta vez predicando a algunos marineros, describió un navío perdido en un huracán. Toda la escena fue presentada con tanta realidad, que cuando llegó al punto de describir cómo el barco se estaba hundiendo, algunos de los marineros saltaron de sus asientos gritando: "¡A los botes! ¡A los botes!" En otro sermón habló de un ciego que iba andando en dirección de un precipicio desconocido. La escena fue tan natural que, cuando el predicador llegó al punto de describir la llegada del ciego a la orilla del profundo abismo, el Camarero Mayor, Chesterfield, que asistía al sermón, dio un salto gritando: "¡Dios mío! ¡Se mató!"

Sin embargo, el secreto de la gran cosecha de almas salvas no era su maravillosa voz, ni su gran elocuencia. Tampoco se debía a que la gente tuviese el corazón abierto para recibir el evangelio, porque ése era un tiempo de gran decadencia espiritual entre los creyentes.

Tampoco fue porque le faltase oposición. Repetidas veces Whitefield predicó en los campos porque las iglesias le habían cerrado las puertas. A veces ni los hoteles querían aceptarlo como huésped. En Basingstoke fue agredido a palos. En Staffordshire le tiraron terrones de tierra. En Moorfield destruyeron la mesa que le servía de púlpito y le arrojaron la basura de la feria. En Evesham las autoridades, antes de su sermón, lo amenazaron con prenderlo si predicaba. En Exeter, mientras predicaba ante un auditorio de diez mil personas, fue apredreado de tal modo que llegó a pensar que le había llegado su hora, como al ensangrentado Esteban, de ser llamado inmediatamente a la presencia del Maestro. En otro lugar lo apedrearon nuevamente hasta dejarlo cubierto de sangre. Verdaderamente llevó en el cuerpo, hasta la muerte, las marcas de Jesús.

El secreto de obtener tales resultados con su predicación era su gran amor para con Dios. Cuando todavía era muy joven, se pasaba las noches enteras leyendo la Biblia, que tanto amaba. Después de convertirse, tuvo la primera de sus experiencias de sentirse arrebatado, quedando su alma enteramente al descubierto, llena, purificada, iluminada por la gloria y llevada a sacrificarse enteramente a su Salvador. Desde entonces nunca más fue indiferente al servicio de Dios, sino que, por el contrario, se regocijaba trabajando con toda su alma, con todas sus fuerzas y con todo su entendimiento. Solamente le interesaban los cultos y le escribió a su madre que nunca más volvería a su antiguo empleo. Consagró su vida totalmente a Cristo. *Y la manifestación exterior de aquella vida nunca excedía su realidad interior;* así pues, nunca mostró cansancio, ni disminuyó la marcha durante el resto de su vida.

A pesar de todo, él escribió: "Mi alma estaba seca como el desierto. Me sentía como si estuviese encerrado dentro de una armadura de hierro. No podía arrodillarme sin prorrumpir en grandes sollozos y oraba hasta quedar empapado en sudor. . . Sólo Dios sabe cuántas noches quedé postrado en la cama, gimiendo por lo que sentía y, ordenando en el nombre de Jesús, que Satanás se apartase de mí. Otras veces pasé días y semanas enteras postrado en tierra suplicando a Dios que me liberase de los pensamientos diabólicos que me distraían. El interés propio, la rebeldía, el orgullo y la envidia me atormentaban, uno después de otro, hasta que resolví vencerlos o morir. Luchaba en oración para que Dios me concediese la victoria sobre ellos."

Jorge Whitefield se consideraba un *peregrino* errante en el mundo, en busca de almas. Nació, se crió, estudió y obtuvo su diploma en Inglaterra. Atravesó el Atlántico trece veces. Visitó Escocia catorce veces. Fue a Gales varias veces. Estuvo una vez en Holanda. Pasó cuatro meses en Portugal. En las Bermudas ganó muchas almas para Cristo, así como en todos los lugares donde trabajó.

Acerca de lo que experimentó en uno de esos viajes a la Colonia de Georgia, Whitefield escribió: "Recibí de lo alto manifestaciones extraordinarias. Al amanecer, al mediodía, al anochecer y a medianoche — de hecho el día entero — el amado Jesús me visitaba para renovar mi corazón. Si ciertos árboles próximos a Stonehouse pudiesen hablar, contarían la dulce comunión que yo y algunas almas amadas gozamos allí con Dios, siempre bendito. A veces, estando de paseo, mi alma hacía tales incursiones por las regiones celestes, que parecía estar lista para abandonar mi cuerpo. Otras veces me sentía tan vencido por la grandeza de la majestad infinita de Dios, que me postraba en tierra y le entregaba mi alma, como un papel en blanco, para que El escribiese en ella lo que desease. Nunca me olvidaré de una cierta noche de tormenta. Los relámpagos no cesaban de alumbrar el cielo. Yo había predicado a muchas personas, y algunas de ellas estaban temerosas de volver a casa. Me sentí guiado a acompañarlas y aprovechar la ocasión para animarlas a prepararse para la venida del Hijo del hombre. ¡Qué inmenso gozo sentí en mi alma! ¡Cuando volvía, mientras algunos se levantaban de sus camas asustados por los relámpagos que iluminaban los pisos y brillaban de uno al otro lado del cielo, otro hermano y yo nos quedamos en el campo adorando, orando, ensalzando a nuestro Dios y deseando la revelación de Jesús desde los cielos, ¡en una llama de fuego!"

¿Cómo se puede esperar otra cosa sino que las multitudes, a las que Whitefield predicaba, se vieran inducidas a buscar la misma Presencia? En su biografía hay un gran número de ejemplos como los siguientes: "¡Oh, cuántas lágrimas se derramaron en medio de fuertes clamores por el amor del querido Señor Jesús! Algunos desfallecían y cuando recobraban las fuerzas, al escucharme volvían a desfallecer. Otros gritaban como quien siente el ansia de la muerte. Y después de acabar el último discurso, yo mismo me sentí tan vencido por el amor de Dios, que casi me quedé sin vida. Sin embargo, por fin reviví y después de tomar algún alimento, me sentí lo suficientemente fuerte como para viajar cerca de treinta kilómetros, hasta Nottingham. En el camino alegré mi alma cantando himnos. Llegamos casi a medianoche; después de entregarnos a Dios en oración, nos acostamos y descansamos bajo la protección del querido Señor Jesús. ¡Oh Señor, jamás existió un amor como el tuyo!"

Luego Whitefield continuó sin descanso: "Al día siguiente en Fog's Manor la concurrencia a los cultos fue tan grande como en Nottingham. La gente quedó tan quebrantada, que por todos los lados vi personas con el rostro bañado en lágrimas. La Palabra era más cortante que una espada de dos filos, y los gritos y gemidos tocaban al corazón más endurecido. Algunos tenían semblantes tan pálidos como la palidez de la muerte; otros se retorcían las manos, llenos de angustia; otros más cayeron de rodillas al suelo, mientras que otros tenían que ser sostenidos por sus amigos para no caer. La mayor parte del público levantaba los ojos a los cielos, clamando y pidiendo misericordia de Dios. Yo, mientras los contemplaba, solamente podía pensar en una cosa, que ése había sido el gran día. Parecían personas despertadas por la última trompeta, saliendo de sus tumbas para comparecer al Juicio Final.

"El poder de la Presencia divina nos acompañó hasta Baskinridge, donde los arrepentidos lloraban y los salvos oraban, lado a lado. El indiferentismo de muchos se transformó en asombro y el asombro se transformó después en gozo. Alcanzó a todas las clases, edades y caracteres. La embriaguez fue abandonada por aquellos que habían estado dominados por ese vicio. Los que habían practicado cualquier acto de injusticia, sintieron remordimientos. Los que habían robado se vieron constreñidos a hacer restitución. Los vengativos pidieron perdón. Los pastores quedaron ligados a su pueblo mediante un vínculo más fuerte de compasión. Se inició el culto doméstico en los hogares. Como resultado, los hombres se interesaron en estudiar la Palabra de Dios y a tener comunión con su Padre celestial."

Pero no fue solamente en los países populosos que la gente afluyó para oírlo. En los Estados Unidos, cuando todavía era un país nuevo, se congregaron grandes multitudes de personas que vivían lejos unos de otros en las florestas. En su diario, el famoso Benjamín Franklin dejó constancia de esas reuniones de la siguiente manera: "El jueves el reverendo Whitefield partió de nuestra ciudad, acompañado de ciento cincuenta personas a caballo, con destino a

Chester, donde predicó ante una audiencia de siete mil personas, más o menos. El viernes predicó dos veces en Willings Town a casi cinco mil personas. El sábado en Newcastle predicó a cerca de dos mil quinientas personas y, en la tarde del mismo día, en Cristiana Bridge, predicó a casi tres mil. El domingo en White Clay Creek predicó dos veces, descansando media hora entre los dos sermones dirigidos a ocho mil personas, de las cuales cerca de tres mil habían venido a caballo. La mayor parte del tiempo llovió; sin embargo, todos los oyentes permanecieron de pie, al aire libre."

Cómo Dios extendió su mano para obrar prodigios por medio de su siervo, se puede ver claramente en lo siguiente: De pie sobre un estrado ante la multitud, después de algunos momentos de oración en silencio, Whitefield anunció de manera solemne el texto: "Está establecido para los hombres que mueran una sola vez, y después de esto el juicio." Después de un corto silencio, se oyó un grito de horror proveniente de algún lugar entre la multitud. Uno de los predicadores allí presentes fue hasta el lugar de la ocurrencia para saber lo que había dado origen a ese grito. Cuando volvió, dijo: "Hermano Whitefield, estamos entre los muertos y los que están muriendo. Un alma inmortal fue llamada a la eternidad. El ángel de la destrucción está pasando sobre el auditorio. Clama en voz alta y no ceses." Entonces se anunció al público que una de las personas de la multitud había muerto. No obstante, Whitefield leyó por segunda vez el mismo texto: "Está establecido para los hombres que mueran una sola vez." Del lado donde la señora de Huntington estaba de pie, vino otro grito agudo. Nuevamente, un estremecimiento de horror pasó por toda la multitud cuando anunciaron que otra persona había muerto. Pero Whitefield, en vez de llenarse de pánico como los demás, suplicó la gracia del Ayudador invisible y comenzó, con elocuencia tremenda, a prevenir del peligro a los impenitentes. Sin embargo, debemos aclarar que él no siempre era vehemente o solemne. Nunca otro orador experimentó tantas formas de predicar como él.

A pesar de su gran obra, no se puede acusar a Whitefield de buscar fama o riquezas terrenales. Sentía hambre y sed de la sencillez y sinceridad divinas. Dominaba todos sus intereses y los transformaba para la gloria del reino de su Señor. No congregó a su alrededor a sus convertidos para formar otra denominación, como algunos esperaban. No solamente entregaba todo su ser, sino que quería "más lenguas, más cuerpos y más almas para dedicarlos al servicio del Señor Jesús".

La mayor parte de sus viajes a la América del Norte los hizo a favor del orfanatorio que fundó en la colonia de Georgia. Vivía en la pobreza y se esforzaba para conseguir lo necesario para el orfanatorio. Amaba a los huérfanos con ternura y les escribía cartas, dirigiéndose a cada uno de ellos por su nombre. Para muchos de esos niños él era el único padre y el único medio de su sustento. Una gran parte de su obra evangelizadora la realizó entre los huérfanos, y casi todos ellos permanecieron siempre creyentes fieles y unos cuantos de ellos llegaron a ser ministros del Evangelio.

Whitefield no era de físico robusto; desde su juventud sufrió casi constantemente, anhelando muchas veces partir para estar con Cristo. A la mayoría de los predicadores les es imposible predicar cuando se encuentran enfermos como él.

Fue así como, a los 65 años de edad, durante su séptimo viaje a la América del Norte, finalizó su carrera en la tierra, una vida escondida con Cristo en

Dios y derramada en un sacrificio de amor por los hombres. El día antes de fallecer tuvo que esforzarse para poder permanecer en pie. Sin embargo al levantarse, en Exeter, ante un auditorio demasiado grande para caber dentro de ningún edificio, el poder de Dios vino sobre él y predicó como de costumbre, durante dos horas. Uno de los que asistieron dijo que "su rostro brillaba como el sol". El fuego que se encendió en su corazón en el día de oración y ayuno de su separación para el ministerio, ardió hasta dentro de sus huesos y nunca se apagó (Jeremías 20:9).

Cierta vez un hombre eminente le dijo a Whitefield: "No espero que Dios llame pronto al hermano para la morada eterna, pero cuando eso suceda, me regocijaré al oír su testimonio." El predicador le respondió: "Entonces, usted va a sufrir una desilusión, puesto que voy a morir callado. La voluntad de Dios es darme tantas oportunidades para dar testimonio de El durante mi vida, que no me serán dadas otras a la hora de mi muerte." Y su muerte fue tal como él la predijo.

Después del sermón que predicó en Exeter, fue a Newburyport para pasar la noche en la casa del pastor. Al subir al dormitorio se dio vuelta en la escalera y con la vela en la mano pronunció un breve mensaje a sus amigos que allí estaban e insistían en que predicase.

A las dos de la mañana se despertó. Le faltaba la respiración y le dijo a su compañero sus últimas palabras que pronunció en la tierra: "Me estoy muriendo."

En su entierro, las campanas de las iglesias de Newburyport doblaron y las banderas quedaron a media asta. Ministros de todas partes asistieron a sus funerales; millares de personas no consiguieron acercarse a la puerta de la iglesia debido a la inmensa multitud. Cumpliendo su petición, fue enterrado bajo el púlpito de la iglesia.

Si queremos recoger los mismos frutos de ver salvos a millares de nuestros semejantes, como lo vio Whitefield, debemos seguir su ejemplo de oración y dedicación.

¿Piensa alguien que es ésta una tarea demasiado grande? ¿Qué diría Jorge Whitefield, que se encuentra ahora junto a los que él llevó a Cristo, si le hiciésemos esta pregunta?

# DAVID BRAINERD

## Heraldo enviado a los pieles rojas

### 1718-1747

Cierto joven de cuerpo enjuto, pero con un alma en que ardía el fuego del amor encendido por Dios, se encontró un día en una floresta que él no conocía. Era tarde y el sol ya declinaba hasta casi desaparecer en el horizonte, cuando el viajero, cansado por el largo viaje, divisó las espirales de humo de las hogueras de los indios "pieles rojas". Después de apearse de su caballo y amarrarlo a un árbol, se acostó en el suelo para pasar la noche, orando fervorosamente.

Sin que él se diera cuenta, algunos pieles rojas lo siguieron silenciosamente, como serpientes, durante la tarde. Ahora estaban parados detrás de los troncos de los árboles para desde allí contemplar la escena misteriosa de una figura de "rostro pálido", que solo, postrado en el suelo, clamaba a Dios.

Los guerreros de la villa resolvieron matarlo sin demora, pues decían que los blancos les daban "agua ardiente" a los "pieles rojas" para embriagarlos y luego robarles las cestas, las pieles de animales, y por último adueñarse de sus tierras. Pero después que rodearon furtivamente al misionero, que postrado en el suelo oraba, y oyeron cómo clamaba al "Gran Espíritu", insistiendo en que les salvase el alma, ellos se fueron, tan secretamente como habían venido.

Al día siguiente el joven, que no sabía lo que había sucedido a su alrededor la tarde anterior mientras oraba entre los árboles, fue recibido en la villa en una forma que él no esperaba. En el espacio abierto entre los *wigwams* (barracas de pieles), los indios rodearon al joven, quien con el amor de Dios ardiéndole en el alma, leyó el capítulo 53 de Isaías. Mientras predicaba, Dios respondió a su oración de la noche anterior y los pieles rojas escucharon el sermón con lágrimas en los ojos.

Ese joven "rostro pálido" se llamaba David Brainerd. Nació el 20 de abril de 1718. Su padre falleció cuando David tenía 9 años de edad, y su madre, que era hija de un predicador, falleció cuando él tenía 14 años.

Acerca de su lucha con Dios en el período de su conversión, a la edad de veinte años, él escribió: "Dediqué un día para ayunar y orar, y me pasé el día clamando a Dios casi incesantemente, pidiéndole misericordia y que me abriese los ojos para ver la enormidad del pecado y el camino para la vida en Jesucristo. . . No obstante, continué confiando en las buenas obras. . . Entonces, una noche andando por el campo, me fue dada una visión de la enormidad de mi pecado, pareciéndome que la tierra se fuese a abrir bajo mis pies para sepultarme y que mi alma iría al infierno antes de llegar a casa. . . Cierto día, estando yo lejos del colegio, en el campo, orando completamente solo, sentí tanto gozo y dulzura en Dios, que, si yo debiese quedar en este mundo vil, quería permanecer contemplando la gloria de Dios. Sentí en mi alma un profundo amor ardiente hacia todos mis semejantes y anhelaba que ellos pudiesen gozar lo mismo que yo gozaba.

"Poco después, en el mes de agosto, me sentí tan

débil y enfermo como resultado de un exceso de estudio, que el director del colegio me aconsejó que volviese a mi casa. Estaba tan flaco que hasta tuve algunas hemorragias. Me sentí muy cerca de la muerte, pero Dios renovó en mí el reconocimiento y el gusto por las cosas divinas. Anhelaba tanto la presencia de Dios, así como liberarme del pecado, que al mejorar, prefería morir a tener que volver al colegio y alejarme de Dios. . . *¡Oh, una hora con Dios excede infinitamente a todos los placeres del mundo!*"

En efecto, después de volver al colegio, el espíritu de Brainerd se enfrió, pero el *Gran Avivamiento* de esa época alcanzó la ciudad de New Haven, el colegio de Yale y el corazón de David Brainerd. El tenía la costumbre de escribir diariamente una relación de los acontecimientos más importantes de su vida ocurridos durante el día. Y es por esos diarios que escribió únicamente para leerlos él y no para publicarlos, que hemos llegado a enterarnos de su vida íntima, de profunda comunión con Dios. Los pocos párrafos que ofrecemos a continuación son sólo muestras de lo que él escribió en muchas páginas de su diario, y exponen algo de su lucha con Dios en la época que se preparaba para el ministerio:

"Repentinamente sentí horror de mi propia miseria. Entonces clamé a Dios, pidiéndole que me purificase de mi extrema inmundicia. Después, la oración adquirió un valor precioso para mí. Me ofrecí con gozo para pasar los mayores sufrimientos por la causa de Cristo, aun cuando fuese el ser desterrado entre los paganos, siendo así que pudiese ganar sus almas. Entonces Dios me concedió el espíritu de luchar en oración por el reino de Cristo en el mundo.

"Muy temprano en la mañana me retiré para la floresta y se me concedió fervor para rogar por el progreso del reino de Cristo en el mundo. Al mediodía aún combatía, en oración a Dios, y sentía el poder del amor divino en la intercesión."

\* \* \*

"Pasé el día en ayuno y oración, implorando que Dios me preparase para el ministerio y me concediese el auxilio divino y su guía, y me enviase a la mies el día que El designase. A la mañana siguiente sentí poder para interceder por las almas inmortales y por el progreso del reino del querido Señor y Salvador en el mundo. . . Esa misma tarde Dios estaba conmigo de verdad. ¡Qué bendita es su compañía! El me permitió agonizar en oración hasta quedar con la ropa empapada de sudor, a pesar de encontrarme a la sombra y de que soplaba una brisa fresca. Sentía mi alma extenuada grandemente por la condición del mundo: me esforzaba por ganar multitudes de almas. Me sentía más afligido por los pecadores que por los hijos de Dios. Sin embargo, anhelaba dedicar mi vida clamando por ambos."

\* \* \*

"Pasé dos horas agonizando por las almas inmortales. A pesar de ser muy temprano todavía, mi cuerpo estaba bañado en sudor. . . Si tuviese mil vidas, con toda mi alma las habría dado todas por el gozo de estar con Cristo. . ."

\* \* \*

"Dediqué todo el día para ayunar y orar, implorando a Dios que me guiase y me diese su bendición para la gran obra que tengo delante, la de predicar el evangelio. Al anochecer, el Señor me visitó maravillosamente durante la oración; sentí mi alma angustiada como nunca... Sentí tanta agonía que sudaba copiosamente. ¡Oh, cómo Jesús sudó sangre por las pobres almas! Yo anhelaba sentir más y más compasión por ellas."

\* \* \*

"Llegué a saber que las autoridades esperan la oportunidad de prenderme y encarcelarme por haber predicado en New Haven. Esto me contrarió y abandoné toda esperanza de trabar amistad con el mundo. Me retiré para un lugar oculto en la floresta y presenté el caso al Señor."

\* \* \*

Después de completar sus estudios para el ministerio, él escribió:

"Prediqué el sermón de despedida ayer por la noche. Hoy por la mañana oré en casi todos los lugares por donde anduve, y después de despedirme de mis amigos, inicié el viaje hacia donde viven los indios."

Estas notas del diario de Brainerd revelan, en parte, su lucha con Dios mientras se preparaba para el ministerio. Uno de los mayores predicadores de aquellos días, refiriéndose a ese diario, declaró: "Fue Brainerd quien me enseñó a ayunar y a orar. Llegué a saber que se consigue más mediante el contacto cotidiano con Dios que por medio de las predicaciones."

Al iniciar la historia de la vida de Brainerd, ya relatamos cómo Dios le concedió entrada entre los feroces pieles rojas, en respuesta a una noche de oración postrado en tierra en medio de la floresta.

Pero a pesar de que los indios le dieron amplia hospitalidad, concediéndole un sitio para dormir sobre un poco de paja, y escucharon el sermón conmovidos, Brainerd no se sintió satisfecho y continuó luchando en oración, como lo revela su diario:

"Sigo sintiéndome angustiado. Esta tarde le prediqué a la gente, pero me sentí más desilusionado que antes acerca de mi trabajo; temo que no va a ser posible ganar almas entre estos indios. Me retiré y con toda mi alma pedí misericordia, pero sin sentir ningún alivio."

* * *

"Hoy cumplí veinticinco años de edad. Me dolía el alma al pensar que he vivido tan poco para la gloria de Dios. Pasé el día solo en la floresta derramando mis quejas delante del Señor.

"Cerca de las nueve salí para orar en el bosque. Después del mediodía percibí que los indios estaban preparándose para una fiesta y una danza. . . Durante la oración sentí el poder de Dios y mi alma extenuada como nunca antes lo había sentido. Sentí tanta agonía e insistí con tanta vehemencia que al levantarme sólo pude andar con dificultad. El sudor me corría por el rostro y por el cuerpo. Me di cuenta de que los pobres indios se reunían para adorar demonios y no a Dios; ése fue el motivo por el cual clamé a Dios que se apresurase a frustrar la reunión idólatra. Así pasé la tarde, orando incesantemente, implorando el auxilio divino para no confiar en mí mismo. Lo que experimenté mientras oraba fue maravilloso. *Me parecía que no había nada de importancia en mí a no ser santidad de corazón y vida, y el anhelo por la conversión de los paganos a Dios.* Todas mis preocupaciones se desvanecieron, mis recelos y mis anhelos todos juntos me parecían menos importantes que el soplo del viento. Anhelaba que Dios adquiriese para sí un nombre entre los paganos y le hice mi apelación con la mayor osadía, insistiendo que El reconociese que 'ésa sería mi mayor alegría'. En efecto, a mí no me importaba dónde o cómo vivía, ni las fatigas que tenía que soportar, con tal que pudiese ganar almas para Cristo. En esa forma continué implorando toda la tarde y toda la noche."

Así revestido, Brainerd regresó del bosque por la mañana para enfrentar a los indios, seguro de que Dios estaba con él, como estuviera con Elías en el monte Carmelo. Al insistir con los indios para que abandonasen la danza, éstos en vez de matarlo, desistieron de la orgía y escucharon su sermón por la mañana y por la tarde.

Después de sufrir como pocos sufren, después de esforzarse de noche y de día, después de pasar innumerables horas en ayuno y oración, después de predicar la Palabra "a tiempo y fuera de tiempo", por fin, se abrieron los cielos y cayó el fuego. Las siguientes transcripciones de su diario describen algunas de esas experiencias gloriosas:

"Pasé la mayor parte del día orando, pidiendo que el Espíritu Santo fuese derramado sobre mi pueblo. . . Oré y alabé al Señor con gran osadía, sintiendo en mi alma enorme carga por la salvación de esas preciosas almas."

\* \* \*

Diserté a la multitud extemporáneamente sobre Isaías 53:10. 'Con todo eso, Jehová quiso quebrantarlo.' Muchos de los oyentes entre la multitud de tres a cuatro mil personas quedaron conmovidos, al punto que se escuchó 'un gran llanto, como el llanto de Hadad-rimón'."

* * *

"Mientras yo iba a caballo, antes de llegar al lugar donde debía predicar, sentí que mi espíritu era restaurado y mi alma revestida de poder para clamar a Dios, casi sin cesar, por muchos kilómetros seguidos.

"En la mañana les prediqué a los indios de donde nos hospedamos. Muchos se sintieron conmovidos y, al hablarles acerca de la salvación de su alma, las lágrimas les corrían abundantemente y comenzaron a sollozar y a gemir. Por la tarde volví al lugar donde acostumbraba predicarles; me escucharon con la mayor atención casi hasta el fin. La mayoría no pudo contenerse de derramar lágrimas ni de clamar amargamente. Cuanto más les hablaba yo del amor y la compasión de Dios, que llegó a enviar a su propio Hijo para que sufriera por los pecados de los hombres, tanto más aumentaba la angustia de los oyentes. Fue para mí una sorpresa notar cómo sus corazones parecían traspasados por el tierno y conmovedor llamado del evangelio, antes de que yo profiriese una única palabra de terror.

"Prediqué a los indios sobre Isaías 53:3-10. Un gran poder acompañaba a la Palabra y hubo una marcada convicción entre el auditorio; sin embargo, ésta no fue tan generalizada como el día anterior. De todas maneras, la mayoría de los oyentes se sintieron muy conmovidos y profundamente angustiados; algunos no podían caminar, ni estar de pie, y caían al suelo, como si tuviesen el corazón traspasado y clamaban sin cesar pidiendo misericordia. . . Los que habían venido de lugares distantes, luego quedaron convencidos por el Espíritu de Dios."

\* \* \*

"En la tarde prediqué sobre Lucas 15:16-23. Había mucha convicción visible entre los oyentes mientras yo predicaba; pero después, al hablarles en forma particular a algunos que se mostraban conmovidos, el poder de Dios descendió sobre el auditorio 'como un viento recio que soplaba' y barrió todo de una manera espectacular.

"Me quedé en pie, admirado de la influencia de Dios que se apoderó casi totalmente del auditorio. Parecía, más que cualquier otra cosa, la fuerza irresistible de una gran corriente de agua, o un diluvio creciente, que derrumbaba y barría todo lo que encontraba a su paso.

"Casi todos los presentes oraban y clamaban pidiendo misericordia, y muchos no podían permanecer en pie. La convicción que cada uno sentía era tan grande que parecían ignorar por completo a las personas que estaban a su alrededor, y cada uno continuaba orando y rogando por sí mismo.

"Entonces recordé a Zacarías 12:10-12, porque había un gran llanto como el llanto de 'Hadad-rimón', pues parecía que cada uno lloraba 'aparte'.

"Fue un día muy semejante al día en que Dios mostró su poder a Josué (Josué 10:14) porque fue un día diferente a cualquier otro que yo hubiese presenciado jamás, un día en que Dios hizo mucho para destruir el reino de las tinieblas entre ese pueblo."

Es difícil reconocer la magnitud de la obra de David Brainerd entre las diversas tribus de indios, en medio de las florestas; él no entendía el idioma de ellos. Para transmitirles directamente al corazón el mensaje de Dios, tenía que encontrar a alguien que le sirviese de intérprete. Pasaba días enteros simplemente orando para que viniése sobre él el poder del Espíritu Santo con tanto vigor que esa gente no pudiese resistir el mensaje. Cierta vez tuvo que predicar valiéndose de un intérprete que estaba tan embriagado que casi no podía mantenerse en pie; sin embargo, decenas de almas se convirtieron por ese sermón.

A veces andaba de noche perdido en el monte, bajo la lluvia y atravesando montañas y pantanos. De cuerpo endeble, se cansaba en sus viajes. Tenía que soportar el calor del verano y el intenso frío del invierno. Pasaba días seguidos sufriendo hambre. Ya comenzaba a sentir quebrantada su salud. En ese tiempo estuvo a punto de casarse (su novia fue Jerusha Edwards, hija de Jonatán Edwards) y establecer un hogar entre los indios convertidos, o regresar y aceptar el pastorado de una de las iglesias que lo invitaba. Pero él se daba cuenta de que no podía vivir, por causa de su enfermedad, más de uno o dos años, y entonces resolvió "arder hasta el fin".

Así, después de ganar la victoria en oración, clamó: "Heme aquí, Señor, envíame a mí hasta los confines de la tierra; envíame a los pieles rojas del monte; aléjame de todo lo que se llama comodidad en la tierra; envíame aunque me cueste la vida, si es para tu servicio y para promover tu reino. . ."

Luego añadió: "Adiós amigos y comodidades terrenales, aun los más anhelados de todos, si el Señor así lo quiere. Pasaré hasta los últimos momentos de mi vida en cavernas y cuevas de la tierra, si eso sirve para el progreso del Reino de Cristo."

Fue en esa ocasión que escribió: "Continuaré luchando con Dios en oración a favor del rebaño de aquí, y especialmente por los indios de otros lugares hasta la hora de acostarme. ¡Cómo me dolió tener que gastar el tiempo durmiendo! Anhelaba ser una llama de fuego que estuviese ardiendo constantemente en el servicio divino y edificando el reino de Dios, hasta el último momento, el momento de morir."

Por fin, después de cinco años de viajes arduos por parajes solitarios, de innumerables aflicciones y de sufrir dolores incesantes en el cuerpo, David Brainerd, tuberculoso, y con las fuerzas físicas casi enteramente agotadas, consiguió llegar a la casa de Jonatán Edwards.

El peregrino ya había completado su carrera terrestre y esperaba solamente el carro de Dios que lo transportaría a la gloria, Cuando estaba en su lecho de dolor, vio entrar a alguien con la Biblia en la mano y exclamó: "¡Oh, el Libro amado! ¡Muy pronto voy a verlo abierto! ¡Entonces sus misterios me serán revelados!

A medida que iban disminuyendo sus fuerzas físicas y su percepción espiritual iba en aumento, hablaba con más y más dificultad: "Fui hecho para la eternidad." "Cómo anhelo estar con Dios y postrarme ante El." "¡Oh, que el Redentor pueda ver el fruto de la aflicción de su alma y quedar satisfecho!" "¡Oh, ven Señor Jesús! ¡Ven pronto! ¡Amén!" — y durmió en el Señor.

Después de ese acontecimiento la novia de Brainerd, Jerusha Edwards, comenzó a marchitarse como una flor, y cuatro meses después fue a morar también en la ciudad celeste. A un lado de su tumba está la tumba de David Brainerd y del otro lado, la de su padre, Jonatán Edwards.

Para David Brainerd el deseo más grande de su vida era el de arder como una llama, por Dios, hasta el último momento, como él mismo lo decía: "Anhelo ser una llama de fuego, constantemente ardiendo en el servicio divino, hasta el último momento, el momento de fallecer."

Brainerd acabó su carrera terrestre a los veintinueve años. Sin embargo, a pesar de su debilidad física tan grande, hizo mucho más que la mayoría de los hombres hace en setenta años.

Su biografía, escrita por Jonatán Edwards y revisada por Juan Wesley, tuvo más influencia sobre la vida de A. J. Gordon que ningún otro libro, excepto la Biblia. Guillermo Carey leyó la historia de su obra y consagró su vida al servicio de Cristo en las tinieblas de la India. Roberto McCheyne leyó su diario y pasó su vida entre los judíos. Enrique Martyn leyó su biografía y se entregó por completo para consumirse en un período de seis años y medio en el servicio de su Maestro en Persia.

Lo que David Brainerd escribió a su hermano, Israel Brainerd, es para nosotros un desafío a la obra misionera: "Digo, ahora que estoy muriendo, que ni por todo lo que hay en el mundo, habría yo vivido mi vida de otra manera."

# GUILLERMO CAREY

## Padre de las misiones modernas

## 1761-1834

Siendo niño, Guillermo Carey sentía una verdadera pasión por el estudio de la naturaleza. Su dormitorio estaba lleno de colecciones disecadas de insectos, flores, pájaros, huevos, nidos, etc. Cierto día, al intentar alcanzar un nido de pajaro, cayó de un árbol alto. Cuando trató de subir por la segunda vez, cayó nuevamente. Insistió por tercera vez en su intento, pero cayó quebrándose una pierna. Algunas semanas después, antes de que su pierna estuviese completamente sana, Guillermo entró en su casa con el nido en la mano. "¡¿Subiste al árbol nuevamente?!" exclamó su madre. "No pude evitarlo. Tenía que poseer el nido, mamá", respondió el chiquillo.

Se dice que Guillermo Carey, fundador de las misiones actuales, no estaba dotado de una inteligencia superior ni poseía tampoco ningún don que deslumbrase a los hombres. Sin embargo, fue esa característica de persistir, con espíritu indómito e inconquistable, hasta llevar a término todo cuanto iniciaba, el secreto del maravilloso éxito de su vida.

Cuando Dios lo llamaba para que iniciara alguna tarea, él permanecía firme, día tras día, mes tras mes, y año tras año hasta acabarla. Dejó que el Señor se sirviera de su vida, no solamente para evangelizar durante un período de cuarenta y un años en el extranjero, sino también para realizar la hazaña, por increíble que parezca, de traducir las Sagradas Escrituras a más de treinta lenguas.

El abuelo y el padre del pequeño Guillermo eran, respectivamente, profesor y sacristán (Iglesia Anglicana) de la parroquia. De esa manera el hijo aprendió lo poco que el padre podía enseñarle. Pero no satisfecho con eso, Guillermo continuó sus estudios sin maestro.

A los doce años adquirió un ejemplar del *Vocabulario latino, por Dyche*, que Guillermo se aprendió de memoria. A los catorce años se inició en el oficio como aprendiz de zapatero. En la tienda encontró algunos libros, de los cuales se aprovechó para estudiar. De esa manera inició el estudio del griego. Fue en ese tiempo que llegó a reconocer que era un pecador perdido, y comenzó a examinar cuidadosamente las Escrituras.

Poco después de su conversión, a los 18 años de edad, predicó su primer sermón. Al verificar que el bautismo por inmersión es bíblico y apostólico, dejó la denominación a que pertenecía. Tomaba prestado libros para estudiar, y a pesar de vivir pobremente, adquirió algunos libros usados. Uno de sus métodos para aumentar el conocimiento de otras lenguas, consistía en leer diariamente la Biblia en latín, en griego y en hebreo.

A los veinte años de edad se casó. Sin embargo, los miembros de la iglesia donde predicaba eran pobres y Carey tuvo que continuar con su oficio de zapatero para ganar el pan cotidiano. El hecho de que el señor Old, su patrón, exhibiese en la tienda un par de zapatos fabricados por Guillermo, como muestra, era una buena prueba de la habilidad del muchacho.

Fue durante el tiempo que enseñaba geografía en Moulton que Carey leyó el libro titulado *Los viajes del Capitán Cook*, y Dios le habló a su alma acerca del estado abyecto de los paganos que vivían sin el evangelio. En su taller de zapatero fijó en la pared un mapamundi de gran tamaño, que él mismo había diseñado cuidadosamente. En ese mapa incluyó toda la información pertinente disponible; el número exacto de la población, la flora y la fauna, las características de los indígenas de todos los países. Mientras reparaba los zapatos, levantaba los ojos de vez en cuando para mirar su mapa y meditaba sobre las condiciones de los distintos pueblos y la manera de evangelizarlos. Fue así como sintió más y más el llamado de Dios para que preparase la Biblia para los millones de hindúes, en su propia lengua.

La denominación a la que Guillermo pertenecía, después de aceptar el bautismo por inmersión, se hallaba en gran decadencia espiritual. Esto fue reconocido por algunos de los ministros, los cuales convinieron en pasar "una hora orando el primer lunes de todos los meses", pidiendo a Dios un gran avivamiento de la denominación. En efecto, se esperaba un despertamiento, pero como sucede muchas veces, no pensaron en la manera en que Dios les respondería.

En aquel tiempo las iglesias no aceptaban la idea de llevar el evangelio a los paganos, por considerarla absurda. Cierta vez en una reunión del ministerio, Carey se levantó y sugirió que ventilasen este asunto: *El deber de los creyentes en promulgar el evangelio entre las naciones paganas*. El venerable presidente de la reunión, sorprendido, se puso de pie y gritó: "Joven, ¡siéntese! Cuando Dios tuviese a bien convertir a los paganos, El lo hará sin su auxilio ni el mío."

A pesar de ese incidente, el fuego continuó ardiendo en el alma de Guillermo Carey. Durante los años siguientes se esforzó ininterrumpidamente, orando, escribiendo y hablando sobre el asunto de llevar a Cristo a todas las naciones. En mayo de 1792 predicó su memorable sermón sobre Isaías 54:2, 3: "Ensancha el sitio de tu tienda, y las cortinas de tus habitaciones sean extendidas; no seas escasa; alarga tus cuerdas y refuerza tus estacas. Porque te extenderás a la mano derecha y a la mano izquierda; y tu descendencia heredará naciones, y habitará las ciudades asoladas."

Disertó sobre la importancia de esperar grandes cosas de Dios y, luego puso de relieve la necesidad de emprender grandes obras para Dios.

El auditorio se sintió culpable de haber negado el evangelio a los países paganos, al punto de "clamar en coro". Se organizó entonces la primera sociedad misionera en la historia de las iglesias de Cristo, para la predicación del evangelio entre los pueblos nunca antes evangelizados. Algunos ministros como Brainerd, Eliot y Schwartz ya habían ido a predicar en lugares distantes, pero sin que las iglesias se uniesen para sustentarlos.

A pesar de que la formación de la sociedad fue el resultado de la persistencia de Carey, él mismo no tomó parte en su establecimiento. Sin embargo, en ese tiempo se escribió lo siguiente acerca de él:

"Ahí está Carey, pequeño de estatura, humilde, de espíritu sereno y constante; ha trasmitido el espíritu misionero a los corazones de los hermanos, y ahora quiere que sepan que él está listo para ir a donde quieran mandarlo, y está completamente de acuerdo en que formulen todos los planes."

Pero ni siquiera con esa victoria le fue fácil a Guillermo Carey materializar su sueño de llevar a Cristo a los países que permanecían en tinieblas, aunque dedicaba su espíritu indómito para alcanzar la meta que Dios le había marcado.

La iglesia donde predicaba, no consentía que dejase el pastorado, y sólo después que los miembros de la Sociedad visitaron la iglesia, fue que este problema se resolvió. En el informe de la iglesia consta lo siguiente: "A pesar de estar de acuerdo con él, no nos parece bien que nos deje aquel a quien amamos más que a nuestra propia alma."

Sin embargo, lo que él sintió más fue que su esposa se rehusara terminantemente a irse de Inglaterra con sus hijos. No obstante Carey estaba tan seguro de que Dios lo llamaba para trabajar en la India, que ni la decisión de su esposa lo hizo vacilar.

Había otro problema que parecía no tener solución: no se permitía la entrada de ningún misionero en la India. En tales circunstancias era inútil pedir permiso para entrar; y fue en esas condiciones que lograron embarcar, sin poseer ese documento. Desafortunadamente el navío demoró algunas semanas en partir, y poco antes de que zarpara, los misioneros recibieron orden de desembarcar.

A pesar de tantos contratiempos, la sociedad misionera continuó confiando en Dios; lograron obtener dinero y compraron un pasaje para la India en un navío dinamarqués. Una vez más Carey le rogó a su querida esposa que lo acompañase. Pero ella persistió en su negativa, y nuestro héroe, al despedirse de ella, le dijo: "Si yo poseyese el mundo entero, lo daría alegremente todo por el privilegio de llevarte a ti y a nuestros queridos hijos conmigo: pero el sentido de mi deber sobrepasa cualquier otra consideración. No puedo volver atrás sin sentir culpa en mi alma."

Sin embargo, antes de que el navío partiese, uno de los misioneros fue a la casa de Carey. Muy grande fue la sorpresa y el regocijo de todos al saber que ese misionero lograra convencer a la esposa de Carey para que acompañase a su marido. Dios conmovió el corazón del comandante del navío para que la llevase, en compañía de los hijos, sin cobrar el pasaje.

Por supuesto el viaje a vela no era tan cómodo como en los vapores modernos. A pesar de los temporales, Carey aprovechó su tiempo para estudiar el bengalí y ayudar a uno de los misioneros en la obra de traducir el Libro del Génesis al bengalí.

Durante el viaje Guillermo Carey aprendió suficientemente bien el bengalí como para entenderse con el pueblo. Poco después de desembarcar comenzó a predicar, y los oyentes venían a escucharlo en número siempre creciente.

Carey percibió la necesidad imperiosa de que el pueblo tuviese una Biblia en su propia lengua y, sin demora, se entregó a la tarea de traducirla. La rapidez con que aprendió las lenguas de la India, es motivo de admiración para los mejores lingüistas.

Nadie sabe cuántas veces nuestro héroe experimentó grandes desánimos en la India. Su esposa no tenía ningún interés en los esfuerzos de su marido y enloqueció. La mayor parte de los ingleses con quienes Carey tuvo contacto, lo creían loco; durante casi dos años no le llegó ninguna carta de Inglaterra. Muchas veces Carey y su familia carecieron de dinero y de alimentos. Para sustentar a su familia, el misionero se volvió labrador, y trabajó como obrero en una fábrica de añil.

Durante más de treinta años Carey fue profesor de lenguas orientales en el Colegio de Fort Williams. Fundó también el Colegio Serampore para enseñar a los obreros. Bajo su dirección el colegio prosperó, y desempeñó un gran papel en la evangelización del país.

Al llegar a la India, Carey continuó los estudios que había comenzado cuando era niño. No solamente fundó la Sociedad de Agricultura y Horticultura, sino que también creó uno de los mejores jardines botánicos; escribió y publicó el *Hortus Bengalensis*. El libro *Flora Indica*, otra de sus obras, fue considerada una obra maestra por muchos años.

No se debe pensar, sin embargo, que para Guillermo Carey la horticultura era sólo una distracción. Pasó también mucho tiempo enseñando en las escuelas de niños pobres. Pero, sobre todo, siempre ardía en su corazón el deseo de llevar adelante la obra de ganar almas.

Cuando uno de sus hijos comenzó a predicar, Carey escribió: "Mi hijo, Félix, respondió al llamado de predicar el evangelio." Años más tarde, cuando ese mismo hijo aceptó el cargo de embajador de la Gran Bretaña en Siam, el padre, desilusionado y angustiado, escribió a un amigo: "¡Félix se empequeñeció hasta volverse un embajador!"

Durante los cuarenta y un años que Carey pasó en la India, no visitó Inglaterra. Hablaba con fluidez más de treinta lenguas de la India; dirigía la traducción de las Escrituras en todas esas lenguas y fue nombrado para realizar la ardua tarea de traductor oficial del gobierno. Escribió varias gramáticas hindúes y compiló importantes diccionarios de los idiomas bengalí, maratí y sánscrito. El diccionario bengalí consta de tres volúmenes e incluye todas las palabras de la lengua, con sus raíces y origen, y definidas en todos los sentidos.

Todo esto fue posible porque Carey siempre economizó el tiempo, según se deduce de lo que escribió su biógrafo:

"Desempeñaba estas tareas hercúleas sin poner en riesgo su salud, porque se aplicaba metódica y rigurosamente a su programa de trabajos, año tras año. Se divertía pasando de una tarea a la otra. El decía que se pierde más tiempo cuando se trabaja sin constancia e indolentemente, que con las interrupciones de las visitas. Observaba, por lo tanto, la norma de tomar, sin vacilar, la obra marcada y no dejar que absolutamente nada lo distrajese durante su período de trabajo."

Lo siguiente, escrito para pedirle disculpas a un amigo por la demora en responderle su carta, muestra cómo muchas de sus obras avanzaron juntas:

"Me levanté hoy a las seis, leí un capítulo de la Biblia hebrea; pasé el resto del tiempo, hasta las siete, orando. Luego asistí al culto doméstico en bengalí con los sirvientes. Mientras me traían el té, leí un poco en persa con un *munchi* que me esperaba; leí también, antes de desayunar, una porción de las Escrituras en indostani. Luego, después de desayunar, me senté con un *pundite* que me esperaba, para continuar la traducción del sánscrito al ramayuma. Trabajamos hasta las diez. Entonces fui al colegio para enseñar hasta casi las dos de la tarde. Al volver a casa, leí las pruebas de la traducción de Jeremías al bengalí, y acabé justo cuando ya era hora de comer. Después de la comida, me puse a traducir, ayudado por el *pundite* jefe del colegio, la mayor parte del capítulo ocho de Mateo al sánscrito. En esto estuve ocupado hasta las seis de la tarde. Después de las seis me senté con un *pundite* de Telinga, para traducir del sánscrito a la lengua de él. A las siete comencé a meditar sobre el mensaje de un sermón que prediqué luego en inglés a las siete y media. Cerca de cuarenta personas asistieron al culto, entre ellas un juez del Sudder Dewany Dawlut. Después del culto el juez contribuyó con 500 rupias para la construcción de un nuevo templo. Todos los que asistieron al culto se fueron a las nueve de la noche; me senté entonces para traducir el capítulo once de Ezequiel al bengalí. Acabé a las once, y ahora te estoy escribiendo esta carta. Después, clausuraré mis actividades de este día con oración. No hay día en que pueda disponer de más tiempo que esto, pero el programa varía."

Al avanzar en edad, sus amigos insistían en que disminuyese sus esfuerzos, pero su aversión a la inactividad era tal, que continuaba trabajando, aun cuando la fuerza física no era suficiente para activar la necesaria energía mental. Por fin se vio obligado a permanecer en cama, donde siguió corrigiendo las pruebas de las traducciones.

Finalmente, el 9 de junio de 1834, a la edad de 73 años, Guillermo Carey durmió en Cristo.

La humildad fue una de las características más destacadas de su vida. Se cuenta que, estando en el pináculo de su fama, oyó a cierto oficial inglés preguntar cínicamente: "¿El gran doctor Carey no era zapatero?" Carey al oír casualmente la pregunta respondió: "No, mi amigo, era apenas un remendón."

Cuando Guillermo Carey llegó a la India, los ingleses le negaron el permiso para desembarcar. Al morir, sin embargo, el gobierno ordenó que se izasen las banderas a media asta, para honrar la memoria de un héroe que había hecho más por la India que todos los generales británicos.

Se calcula que Carey tradujo la Biblia para la tercera parte de los habitantes del mundo. Así escribió uno de sus sucesores, el misionero Wenger: "No sé cómo Carey logró hacer ni siquiera una cuarta parte de sus traducciones. Hace como veinte años (en 1855) que algunos misioneros, al presentar el evangelio en Afganistán (país del Asia central), encontraron que la única versión que ese pueblo entendía, era la Pushtoo hecha en Sarampore por Carey."

El cuerpo de Guillermo Carey descansa, pero su obra continúa siendo una bendición para una gran parte del mundo.

# CHRISTMAS EVANS

## El "Juan Bunyan de Gales"

### 1766-1838

Sus padres le pusieron el nombre de "Christmas" (Navidad), porque nació el día de Navidad, en 1766. La gente lo apodó "Predicador Tuerto", porque era ciego de un ojo. Alguien se refirió así a Christmas Evans: "Era el hombre más alto, el de mayor fuerza física y el más corpulento que jamás vi. Tenía un solo ojo, si hay razón para llamar a eso ojo, porque, con más propiedad se podría decir que era una estrella luminosa, que brillaba como el planeta Venus." También se lo llamó "El Juan Bunyan de Gales", porque era el predicador que, en la historia de ese país, disfrutó más del poder del Espíritu Santo. En todos los lugares donde predicaba, se producía un gran número de conversiones. Su don de predicar era tan extraordinario, que con toda facilidad conseguía que un auditorio de 15 a 20 mil personas, de sentimientos y temperamentos diferentes, lo escuchasen con la más profunda atención. En las iglesias no cabían las multitudes que iban a escucharlo durante el día; de noche siempre predicaba al aire libre a la luz de las estrellas.

Por un tiempo vivió entregado a las diversiones y a la embriaguez. Durante una lucha fue gravemente acuchillado; en otra ocasión lo sacaron del agua como muerto, y aún otra vez, se cayó de un árbol sobre un cuchillo. En las contiendas era siempre el campeón, hasta que, por fin, en un combate sus compañeros lo cegaron de un ojo. Dios, sin embargo, fue misericordioso con él durante ese período, conservándolo con vida, para más tarde utilizarlo en su servicio.

A la edad de 17 años fue salvo; aprendió a leer, y poco después fue llamado a predicar y fue separado para el ministerio. Sus sermones eran secos y sin fruto, hasta que un día cuando viajaba para Maentworg, amarró su caballo y penetró en el bosque donde derramó su alma en oración a Dios. Igual que Jacob en Peniel, no se apartó de ese lugar hasta recibir la bendición divina. Después de aquel día reconoció la gran responsabilidad de su obra; siempre su espíritu se regocijaba con la oración y se sorprendió grandemente por los frutos gloriosos que Dios comenzó a concederle. Antes tenía talentos y cuerpo de gigante, pero luego le fue añadido el espíritu de gigante. Era valiente como un león y humilde como un cordero; no vivía para sí, sino para Cristo. Además de tener, por naturaleza, una mente ágil y una manera conmovedora de hablar, poseía un corazón que rebosaba amor para con Dios y su prójimo. Verdaderamente era una luz que ardía y brillaba.

Andaba a pie por el sur de Gales, predicando, a veces hasta cinco sermones en el mismo día. A pesar de no andar bien vestido y de sus maneras ordinarias, grandes multitudes afluían para oírlo. Vivificado con el fuego celestial, se elevaba en espíritu como si tuviese alas de ángel, y el auditorio se contagiaba y se conmovía también. Muchas veces los oyentes rompían en llanto y en otras manifestaciones, que no podían evitar. Por eso eran conocidos como los "Saltadores galeses".

Evans creía firmemente que sería mejor evitar los dos extremos: el exceso de ardor y la demasiada frialdad. Pero Dios es un ser soberano, que obra de varias maneras. A unos El atrae por el amor, mientras que a otros El aterra con los truenos del Sinaí para que hallen la paz preciosa en Cristo. Los indecisos a veces son sacudidos por Dios sobre el abismo de la angustia eterna, hasta que clamen pidiendo misericordia y encuentren el gozo inefable. El cáliz de ellos rebosa, hasta que algunos, no comprendiendo, preguntan: "¿Por qué tanto exceso?"

Acerca de la censura que se hacía de los cultos, Evans escribió: "Me admiro de que el genio malo, llamándose 'el ángel del orden', quiera tratar de cambiar todo lo que respecta a la adoración de Dios, volviéndola en un culto tan seco como el monte Gilboa. Esos hombres de orden desean que el rocío caiga y el sol brille sobre todas sus flores, en todos los lugares, menos en los cultos del Dios Todopoderoso. En los teatros, en los bares y en las reuniones políticas los hombres se conmueven, se entusiasman, y se exaltan como tocados por el fuego, igual que cualquier 'Saltador Galés'. Pero, conforme a sus deseos, ¡no debe existir nada que le dé vida y entusiasmo a los cultos religiosos! ¡Hermanos, meditad en esto! ¿Tenéis razón o estáis equivocados?"

Se cuenta que en cierto lugar tres predicadores tenían que hablar, siendo Evans el último. Era un día de mucho calor, los dos primeros sermones fueron muy largos, de modo que todos los oyentes estaban indiferentes y casi exhaustos. No obstante, después, cuando Evans llevaba unos quince minutos predicando sobre la misericordia de Dios, tal cual se ve en la parábola del Hijo Pródigo, centenares de personas que estaban sentadas en la hierba, repentinamente se pusieron de pie. Algunos lloraban y otros oraban llenos de angustia. Fue imposible continuar el sermón, la gente continuó llorando y orando durante el día entero, y toda la noche hasta el amanecer.

En la isla de Anglesea, sin embargo, Evans tuvo que enfrentarse a una doctrina encabezada por un orador elocuente e instruido. En la lucha contra el error de esa secta, Evans comenzó a decaer espiritualmente. Después de algunos años, ya no poseía el mismo espíritu de oración ni sentía el gozo de la vida cristiana. El mismo cuenta cómo buscó y recibió de nuevo la unción del poder divino que hizo que su alma se encendiera aún más que antes:

"No podía continuar con mi corazón frío con relación a Cristo, a su expiación y a la obra de su Espíritu. No soportaba el corazón frío en el púlpito, en la oración secreta y en el estudio, especialmente cuando me acordaba de que durante quince años mi corazón se había abrasado como si yo hubiese andado con Jesús en el camino a Emaús. Por fin, llegó el día que jamás olvidaré: En el camino a Dolgelly, sentí la necesidad de orar, a pesar de tener el corazón endurecido y el espíritu carnal. Después que comencé a suplicar, sentí como que unas pesadas cadenas que me ataban, caían al suelo, y como que dentro de mí se derretían montañas de hielo. Con esta manifestación aumentó en mí la certeza de haber recibido la promesa del Espíritu Santo. Me parecía que mi espíritu se había librado de una prolongada prisión, o como si estuviese saliendo de la tumba de un invierno extremadamente frío. Las lágrimas me corrieron abundantemente y me sentí constreñido a clamar y pedir a Dios el gozo de su salvación y que El visitase de nuevo las iglesias de Anglesea que estaban bajo mi cuidado. Supliqué por todas las iglesias, mencionando el nombre de casi todos los predicadores de Gales. Luché en oración durante más de tres horas. El espíritu de intercesión comenzó a pasar sobre mí, como ondas, una después de otra, impelidas por un viento fuerte, hasta que mis fuerzas físicas se debilitaron de tanto llorar. Fue así que me entregué enteramente a Cristo, en cuerpo y alma, en talentos y en obras, mi vida entera, todos los días y todas las horas que aún me restaban por vivir, incluyendo todos mis anhelos. Todo, todo lo puse en las manos de Cristo. . . En el primer culto, después de esta experiencia, me sentí como removido de la región espiritualmente estéril y helada, hacia las tierras agradables de las promesas de Dios. Comencé entonces, de nuevo, los primeros combates en oración, sintiendo fuertes anhelos por la conversión de los pecadores, tal como había sentido en Leyn. Me apoderé de la promesa de Dios. El resultado fue, que al volver a casa vi que el Espíritu estaba obrando en los hermanos de Anglesea dándoles el espíritu de oración insistente."

Ocurrió entonces un gran avivamiento, pasando del predicador a la gente en todos los lugares de la isla de Anglesea, y en todo Gales. La convicción de pecado pasaba sobre los auditorios como grandes oleadas. El poder del Espíritu Santo obraba, hasta que el pueblo lloraba y danzaba de gozo. Uno de los que asistieron a su famoso sermón sobre el Endemoniado Gadareno, cuenta cómo Evans retrató tan fielmente la escena de la liberación del pobre endemoniado, la admiración de la gente al verlo liberado, el gozo de la esposa y de los hijos cuando volvió a la casa ya curado, que el auditorio rompió en grandes risas y llanto. Otro se expresó así: "El lugar se volvió un verdadero 'Boquim' de lloro" (Jueces 2:1-5). Otro más dijo que el auditorio quedó como los habitantes de una ciudad sacudida por un terremoto, que salen corriendo, se postran en tierra y claman la misericordia de Dios.

Como no era poco lo que sembraba, recogía abundantemente, y al ver la abundancia de la cosecha, sentía que su celo ardía de nuevo y que su amor aumentaba, llevándolo a trabajar con más ahínco aún. Su firme convicción era que nadie, ni aun la mejor persona, puede salvarse sin la operación del Espíritu Santo, ni el corazón más rebelde puede resistir al poder del mismo Espíritu. Evans tenía siempre un objetivo cuando luchaba en oración; se apoyaba en las promesas de Dios, suplicando con tanta insistencia como aquel que no se va antes de recibir. El decía que la parte más gloriosa del ministerio del predicador era el hecho de agradecer a Dios por la obra del Espíritu Santo en la conversión de los pecadores.

Como vigía fiel, no podía pensar en dormir mientras la ciudad se incendiaba. Se humillaba ante Dios, agonizando por la salvación de los pecadores, y de buena voluntad gastó sus fuerzas y su salud por ellos. Trabajaba sin descanso, sin temer la censura de los religiosos fríos, el desprecio de los perdidos, ni la ira y la furia de los demonios.

A la edad de 73 años, sin mostrar disminución en sus fuerzas físicas ni mentales, predicó el último sermón, como de costumbre, bajo el poder de Dios. Al finalizar dijo: "Este es mi último sermón." Los hermanos creyeron que se refería a su último sermón en aquel lugar. Pero el hecho es que cayó enfermo esa misma noche. En la hora de su muerte, tres días después, se dirigió al pastor, que lo hospedaba, con estas palabras: "Mi gozo y consuelo es que después de dedicarme a la obra del santuario durante cincuenta y tres años, nunca me faltó sangre en el lebrillo. Predica a Cristo a la gente." Luego, después de cantar un himno, dijo: "¡Adiós! ¡Adiós!" y falleció.

La muerte de Christmas Evans fue uno de los acontecimientos más solemnes de toda la historia del principado de Gales. Fue llorado en el país entero.

El fuego del Espíritu Santo hizo que los sermones de este siervo de Dios enardecieran de tal manera los corazones, que la gente de su generación no podía oír pronunciar el nombre de Christmas Evans sin recordar vívidamente al Hijo de María en el pesebre de Belén, su bautismo en el Jordán, el huerto de Getsemaní, el tribunal de Pilato, la corona de espinas, el monte Calvario, el Hijo de Dios inmolado en el altar y el fuego santo que consumía todos los holocaustos, desde los días de Abel hasta el día memorable en que fue apagado por la sangre del Cordero de Dios.

# ENRIQUE MARTYN

## Luz usada enteramente por Dios

### 1781-1812

Arrodillado en una playa de la India, Enrique Martyn derramaba su alma ante el Maestro y oraba: "Amado Señor, yo también andaba en el país lejano; mi vida ardía en el pecado. . . quisiste que yo regresase, ya no más un tizón para extender la destrucción, sino una antorcha que resplandezca por ti (Zacarías 3:2). ¡Heme aquí entre las tinieblas más densas, salvajes y opresivas del paganismo. Ahora, Señor, quiero arder hasta consumirme enteramente por ti!"

El intenso ardor de aquel día siempre motivó la vida de ese joven. Se dice que su nombre es "el nombre más heroico que adorna la historia de la Iglesia de Inglaterra, desde los tiempos de la reina Isabel". Sin embargo, aun entre sus compatriotas, él no es muy conocido.

Su padre era de físico endeble. Después que él murió, los cuatro hijos, incluyendo Enrique, no tardaron en contraer la misma enfermedad de su padre, la tuberculosis.

Con la muerte de su padre, Enrique perdió el intenso interés que tenía por las matemáticas y más bien se interesó grandemente en la lectura de la Biblia. Se graduó con los honores más altos de todos los de su clase. Sin embargo, el Espíritu Santo habló a su alma: "Buscas grandes cosas para ti, pues no las busques." Acerca de sus estudios testificó: "Alcancé lo más grande que anhelaba, pero luego me desilusioné al ver que sólo había conseguido una sombra."

Tenía por costumbre levantarse de madrugada y salir a caminar solo por los campos, para gozar de la comunión íntima con Dios. El resultado fue que abandonó para siempre sus planes de ser abogado, un plan que todavía seguía porque "no podía consentir en ser pobre por el amor de Cristo".

Al escuchar un sermón sobre "El estado perdido de los paganos", resolvió entregarse a la vida misionera. Al conocer la vida abnegada del misionero Guillermo Carey, dedicada a su gran obra en la India, se sintió guiado a trabajar en el mismo país.

El deseo de llevar el mensaje de salvación a los pueblos que no conocían a Cristo, se convirtió en un fuego inextinguible en su alma después que leyó la biografía de David Brainerd, quien murió siendo aún muy joven, a la edad de veintinueve años. Brainerd consumió toda su vida en el servicio del amor intenso que profesaba a los pieles rojas de la América del Norte. Enrique Martyn se dio cuenta de que, como David Brainerd, él también disponía de poco tiempo de vida para llevar a cabo su obra, y se encendió en él la misma pasión de gastarse enteramente por Cristo en el breve espacio de tiempo que le restaba. Sus sermones no consistían en palabras de sabiduría humana, sino que siempre se dirigía a la gente, como "un moribundo, predicando a los moribundos".

A Enrique Martyn se le presentó un gran problema cuando la madre de su novia, Lidia Grenfel, no consentía en el casamiento porque él deseaba llevar a su esposa al extranjero. Enrique amaba a Lidia y su mayor deseo terrenal era establecer un hogar y trabajar junto con ella en la mies del Señor. Acerca de esto él escribió en su diario lo siguiente: "Estuve orando durante hora y media, luchando contra lo que me ataba. . . Cada vez que estaba a punto de ganar la victoria, mi corazón regresaba a su ídolo y, finalmente, me acosté sintiendo una gran pena."

Entonces se acordó de David Brainerd, el cual se negaba a sí mismo todas las comodidades de la civilización, caminaba grandes distancias solo en la floresta, pasaba días sin comer, y después de esforzarse así durante cinco años volvió, tuberculoso, para fallecer en los brazos de su novia, Jerusha, hija de Jonatán Edwards.

Por fin Enrique Martyn también ganó la victoria, obedeciendo al llamado a sacrificarse por la salvación de los perdidos. Al embarcarse, en 1805, para la India, escribió: "Si vivo o muero, que Cristo sea glorificado por la cosecha de multitudes para El."

A bordo del navío, al alejarse de su patria, Enrique Martyn lloró como un niño. No obstante, nada ni nadie podían desviarlo de su firme propósito de seguir la dirección divina. El también era un tizón arrebatado del fuego, por eso repetidamente decía: "Que yo sea una llama de fuego en el servicio divino."

Después de una travesía de nueve largos meses a bordo y cuando ya se encontraba cerca de su destino, pasó un día entero en ayuno y oración. Sentía cuán grande era el sacrificio de la cruz y cómo era igualmente grande su responsabilidad para con los perdidos en la idolatría que sumaban multitudes en la India. Siempre repetía: "Sobre tus muros, oh Jerusalén, he puesto guardas; todo el día y toda la noche no callarán jamás. Los que os acordáis de Jehová, no reposéis, ni le deis tregua, hasta que restablezca a Jerusalén, y la ponga por alabanza en la tierra" (Isaías 62:6, 7).

La llegada de Enrique Martyn a la India, en el mes de abril de 1806, fue también en respuesta a la oración de otros. La necesidad era tan grande en ese país, que los pocos obreros que había allí se pusieron de acuerdo en reunirse en Calcuta de ocho en ocho días, para pedir a Dios que enviase un hombre lleno del Espíritu Santo y de poder a la India. Al desembarcar Martyn, fue recibido alegremente por ellos, como la respuesta a sus oraciones.

Es difícil imaginar el horror de las tinieblas en que vivía ese pueblo, entre el cual fue Martyn a vivir. Un día, cerca del lugar donde se hospedaba, oyó una música y vio el humo de una pira fúnebre, acerca de las cuales había oído hablar antes de salir de Inglaterra. Las llamas ya comenzaban a subir del lugar donde la viuda se encontraba sentada al lado del cadáver de su marido muerto. Martyn, indignado, se esforzó pero no pudo conseguir salvar a la pobre víctima.

En otra ocasión fue atraído por el sonido de címbalos a un lugar donde la gente rendía culto a los demonios. Los adoradores se postraban ante un ídolo, obra de sus propias manos, ¡al que adoraban y temían! Martyn se sentía "realmente en la vecindad del infierno".

Rodeado de tales escenas, él se esforzaba más y más, incansablemente, día tras día en aprender la lengua. No se desanimaba con la falta de fruto de su predicación, porque consideraba que era mucho más importante traducir las Escrituras y colocarlas en las manos del pueblo. Con esa meta fija en su mente perseveraba en la obra de la traducción, perfeccionándola cuidadosamente, poco a poco, y deteniéndose de vez en cuando para pedir el auxilio de Dios.

Cómo ardía su alma en el firme propósito de dar la Biblia al pueblo, se ve en uno de sus sermones, conservado en el Museo Británico, y que copiamos a continuación:

"Pensé en la situación triste del moribundo, que tan sólo conoce bastante de la eternidad como para temer a la muerte, pero no conoce bastante del Salvador como para vislumbrar el futuro con esperanza. No puede pedir una Biblia para aprender algo en que afirmarse, ni puede pedir a la esposa o al hijo que le lean un capítulo para consolarlo. ¡La Biblia, ah, es un tesoro que ellos nunca poseyeron! Vosotros que tenéis un corazón para sentir la miseria del prójimo, vosotros que sabéis cómo la agonía del espíritu es más cruel que cualquier sufrimiento del cuerpo, vosotros que sabéis que está próximo el día en que tendréis que morir, ¡oh, dadles aquello que será un consuelo a la hora de la muerte!"

Para alcanzar ese objetivo, de dar las Escrituras a los pueblos de la India y de Persia, Martyn se dedicó a la obra de traducción de día y de noche, en sus horas de descanso y mientras viajaba. No disminuía su marcha ni cuando el termómetro registraba el intenso calor de $50^0$, ni cuando sufría de fiebre intermitente, ni debido a la gravedad de la peste blanca que ardía en su pecho.

Igual que David Brainerd, cuya biografía siempre sirvió para inspirarlo, Enrique Martyn pasó días enteros en intercesión y comunión con su "amado, su querido Jesús". "Parece", escribió él, "que puedo orar cuanto quiera sin cansarme. Cuán dulce es andar con Jesús y morir por El. . ." Para él la oración no era una mera formalidad, sino el medio de alcanzar la paz y el poder de los cielos, el medio seguro de quebrantar a los endurecidos de corazón y vencer a los adversarios.

Seis años y medio después de haber desembarcado en la India, a la edad de 31 años, cuando emprendía un largo viaje, falleció. Separado de los hermanos, del resto de la familia, rodeado de perseguidores, y su novia esperándolo en Inglaterra, fue enterrado en un lugar desconocido.

¡Fue muy grande el ánimo, la perseverancia, el amor y la dedicación con que trabajó en la mies de su Señor! Su celo ardió hasta consumirlo en ese corto espacio de seis años y medio. Nos es imposible apreciar cuán grande fue la obra que realizó en tan pocos años. Además de predicar, logró traducir parte de las Sagradas Escrituras a las lenguas de una cuarta parte de todos los habitantes del mundo. El Nuevo Testamento en indi, indostani y persa, y los evangelios en judaico-persa son solamente una parte de sus obras.

Cuatro años después de su muerte nació Fidelia Fiske en la tranquilidad de Nueva Inglaterra. Cuando todavía estudiaba en la escuela, leyó la biografía de Enrique Martyn. Anduvo cuarenta y cinco kilómetros de noche, bajo violenta tempestad de nieve, para pedir a su madre que la dejase ir a predicar el evangelio a las mujeres de Persia. Al llegar a Persia, reunió a las mujeres y les habló del amor de Jesús, hasta que el avivamiento en Oroomiah se convirtió en otro Pentecostés.

Si Enrique Martyn, que entregó todo para el servicio del Rey de reyes, pudiese hoy visitar la India y Persia, cuán grande sería la obra que encontraría, obra realizada por tan gran número de fieles hijos de Dios, en los cuales ardió el mismo fuego encendido por la lectura de la biografía de ese precursor.

# ADONIRAM JUDSON

## Misionero, explorador espiritual de Birmania
### 1788-1850

El misionero, débil y enflaquecido por los sufrimientos y privaciones, fue conducido en compañía de los más empedernidos criminales, como ganado, a chicotazos y sobre la arena ardiente a la prisión. Su esposa logró entregarle una almohada para que pudiese dormir mejor sobre el duro suelo de la prisión. Sin embargo, él descansaba todavía mejor porque sabía que dentro de la almohada que tenía debajo de la cabeza, estaba escondida la preciosa porción de la Biblia que había traducido con grandes esfuerzos a la lengua del pueblo que lo perseguía.

¡Sucedió que el carcelero le quitó la almohada para su propio uso! ¿Qué podía hacer el pobre misionero para recuperar su tesoro? Entonces su esposa preparó con grandes sacrificios una almohada mejor y consiguió cambiarla con la que tenía el carcelero. En esa forma la traducción de la Biblia fue conservada en la prisión durante casi dos años; la Biblia entera, después que él la completó, fue dada por primera vez a los millones de habitantes de Birmania.

En toda la historia, desde los tiempos de los apóstoles, son pocos los nombres que nos inspiran tanto a esforzarnos por la obra misionera, como los nombres de los esposos, Ana y Adoniram Judson. En cierta iglesia de Malden, suburbio de Boston, se encuentra una placa de mármol con la siguiente inscripción:

En memoria
del
Reverendo Adoniram Judson.
Nació el 9 de agosto de 1788.
Murió el 12 de abril de 1850.
Lugar de nacimiento: Malden.
Lugar de su sepultura: El mar.
Su obra: Los salvos de Birmania.
y la Biblia birmana.
Su historial: En las alturas.

Adoniram fue un niño precoz: su madre le enseñó a leer un capítulo entero de la Biblia, antes de que él cumpliese cuatro años de edad.

Su padre le inculcó el deseo ardiente de tratar de alcanzar siempre la perfección en todo cuanto hacía, superando a cualquiera de sus compañeros. Esa fue la norma de toda su vida.

Los años que pasó estudiando fue la época en que el ateísmo, que se había originado en Francia, se infiltró en el país. El gozo que experimentaron sus padres cuando el hijo ganó el primer lugar de su clase, se transformó en tristeza cuando Adoniram les confesó que ya no creía más en la existencia de Dios. El recién graduado sabía enfrentar los argumentos de su padre, que era un pastor instruido y quien nunca había sufrido tales dudas. Sin embargo, las lágrimas y amonestaciones de su madre lo acompañaron siempre, después que abandonó el hogar paterno.

No mucho después de "ganar el mundo", se encontró, en casa de un tío suyo, con un joven predicador, quien conversó con él tan seriamente acerca de su alma, que Judson quedó muy impresionado. Viajó el día siguiente solo, montando a caballo. Al anochecer llegó a una villa donde pasó la noche en una pensión. En el cuarto contiguo al que él ocupaba, yacía un joven moribundo, y Judson no pudo conciliar el sueño durante toda la noche. ¿Sería el moribundo un creyente? ¿Estaría preparado para morir? Tal vez fuese un "libre pensador", ¡hijo de padres piadosos que oraban por él! Otra cosa que le perturbaba era el recuerdo de sus compañeros, los alumnos agnósticos del colegio de Providence. Cómo se avergonzaría si los antiguos colegas, especialmente el sagaz compadre, Ernesto, supiesen lo que él sentía ahora en su corazón.

Cuando amaneció, le informaron que el joven había muerto. Respondiendo a su pregunta, le dijeron que el fallecido era uno de los mejores alumnos del colegio de Providence, ¡y su nombre era Ernesto!

La noticia de la muerte de su compañero ateo dejó a Judson estupefacto. Sin darse cuenta de cómo, se encontró viajando de regreso a su casa. Desde entonces, todas sus dudas acerca de Dios y de la Biblia se desvanecieron. Constantemente resonaban en sus oídos las palabras: "¡Muerto! ¡Perdido! ¡Perdido!"

Poco tiempo después de ese acontecimiento, se dedicó solemnemente a Dios y comenzó a predicar. Que su consagración fue profunda y completa, quedó probado por la manera en que se aplicó a la obra de Dios.

En ese tiempo Judson escribió a su novia: "En todo lo que hago, me pregunto a mí mismo: ¿Agradará esto al Señor?... Hoy alcancé un mayor grado de gozo de Dios, pues he sentido una gran alegría ante su trono."

Es así como Judson nos cuenta, en las siguientes

palabras, el llamado que recibió para el servicio de misionero: "Fue cuando andaba en un lugar solitario en la floresta, meditando y orando sobre el asunto y casi resuelto a abandonar la idea, que me fue dada la orden: 'Id por todo el mundo y predicad el evangelio a toda criatura'. Este asunto me fue presentado tan claramente y con tanta fuerza, que resolví obedecer, a pesar de los obstáculos que se me presentaron."

Judson, y cuatro de sus colegas se reunieron bajo un montón de heno para orar, y allí solemnemente dedicaron su vida a Dios para llevar el evangelio "hasta lo último de la tierra". No había ninguna junta de misiones que los enviara. Sin embargo, Dios bendijo la dedicación de los jóvenes, tocando el corazón de los creyentes para que proveyeran el dinero para tal empresa.

A Judson se le ofreció en ese mismo tiempo un puesto en el cuerpo docente de la universidad de Brown, invitación que él recusó. Después fue llamado a pastorear una de las mayores iglesias de América del Norte. También rechazó esa invitación. Fue grande el descontento del padre y el llanto de la madre y la hermana, al saber que Judson se había ofrecido para la obra de Dios en el extranjero, donde nunca antes había sido proclamado el evangelio.

La esposa de Judson demostró aún más heroísmo, porque era la primera mujer que salía de los Estados Unidos como misionera. A la edad de dieciséis años tuvo su primera experiencia religiosa. Era tan vanidosa, que las personas que la conocían, temían que el castigo repentino de Dios cayese sobre ella. Pero cierto domingo, mientras se preparaba para el culto, quedó profundamente impresionada por estas palabras: "Pero la que se entrega a los placeres, viviendo está muerta." Acerca de la transformación de su vida ella escribió más tarde lo siguiente: "Día tras día yo gozaba una dulce comunión con Dios bendito; en mi corazón sentía el amor que me unía a los creyentes de todas las denominaciones; encontré las Sagradas Escrituras dulce a mi paladar y sentí una sed tan grande de conocer las cosas religiosas, que frecuentemente me pasaba casi noches enteras leyendo." Todo el ardor que había demostrado en la vida mundana, ahora lo sentía en la obra de Cristo. Por algunos años, antes de aceptar el llamado para ser misionera, trabajaba como profesora y se esforzaba por ganar a sus alumnos para Cristo.

Adoniram, después de despedirse de sus padres para emprender su viaje a la India, fue acompañado hasta Boston por su hermano Elnatán, un joven que no había sido salvo todavía. En el camino los dos se apearon de sus caballos, entraron al bosque y allí, de rodillas, Adoniram rogó a Dios que salvase a su hermano. Cuatro días después los dos se separaron para no volverse a encontrar nunca más en este mundo. Sin embargo, algunos años después, Adoniram tuvo noticias de que su hermano también había recibido la herencia del reino de Dios.

Judson y su esposa se embarcaron con rumbo a la India en 1812, debiendo pasar casi cuatro meses a bordo del navío. Ese tiempo lo aprovecharon para estudiar y los dos llegaron a comprender entonces que el bautismo bíblico es por inmersión y no aspersión, como su denominación lo practicaba. Sin tomar en cuenta la oposición de sus conocidos, que eran muchos, y sin importarles su propio sustento, no vacilaron en informar sobre este hecho a aquellos que los habían enviado. Fueron bautizados en el puerto de desembarque, en Calcuta.

Poco después fueron expulsados de esa ciudad por causa de la situación política y fueron huyendo de país en país. Por fin, diecisiete largos meses después de haber partido de América, llegaron a Rangún, Birmania. Judson estaba casi exhausto por causa de los horrores que sufrió a bordo. Su esposa estaba tan cerca de la muerte que ya no podía caminar, por lo que tuvo que ser llevada a tierra en una camilla.

El imperio de la Birmania de aquella época era más bárbaro y de lengua y costumbres más extrañas que cualquier otro país que los Judson habían visitado. Al desembarcar, en respuesta a sus oraciones hechas durante las largas vigilias de la noche, los dos fueron sustentados por una fe invencible y por el amor divino que los llevaba a sacrificar todo para que la gloriosa luz del evangelio iluminase también las almas de los habitantes de ese país.

Ahora, un siglo después, podemos ver cómo el Maestro dirigía a sus siervos, cerrando las puertas durante el prolongado viaje para que no fuesen a los lugares que ellos esperaban y deseaban ir. Hoy se puede ver claramente que Rangún, el puerto principal de Birmania, era justamente el punto más estratégico para iniciar la ofensiva de la Iglesia de Cristo contra el paganismo en el continente asiático.

Para estudiar el difícil idioma de Birmania fue necesario que ellos preparasen su propio diccionario y gramática. Transcurrieron cinco años y medio antes que ellos llevaran a cabo el primer culto para el pueblo nativo. Ese mismo año bautizaron al primer convertido, a pesar de tener conocimiento de la orden del rey de que nadie podía cambiar de creencia, so pena de ser condenado a muerte.

Al salir de su tierra para ser misionero, Judson llevaba consigo una considerable suma de dinero, una parte de la cual él la había ganado en su empleo y otra parte correspondía a contribuciones ofrecidas por sus parientes y amigos. No solamente puso todo eso a los pies de aquellos que dirigían la obra misionera, sino también cinco mil doscientas rupias que el Gobernador General de la India le pagó por sus servicios prestados en ocasión del armisticio de Yandabo.

Rehusó el empleo de intérprete del gobierno, que representaba un salario elevado, prefiriendo ir a sufrir las mayores privaciones y oprobios, para ganar las almas de los pobres birmanios para Cristo.

Durante once meses, estuvo en cadenas preso en Ava, que en aquel tiempo era la capital de Birmania. Pasó algunos días en compañía de otros sesenta sentenciados a muerte como él, encerrado en un edificio sin ventanas, obscuro y donde hacía mucho calor, sin ventilación e inmundo en extremo. Pasaba el día con los pies y las manos en el cepo. Para pasar la noche, el carcelero le pasaba una caña de bambú entre los pies encadenados, juntándolo con otros prisioneros y, por medio de cuerdas, los levantaba hasta que apenas los hombros descansaban en el suelo. Además de ese sufrimiento, tenía que oír constantemente los gemidos mezclados con las torpes imprecaciones de los más endurecidos criminales de Birmania. Al ver a los otros prisioneros que eran arrastrados afuera para morir a manos del verdugo, Judson solía decir: "Cada día muero." Las cinco cadenas de hierro pesaban tanto, que llevó las marcas de los grilletes en su cuerpo hasta la muerte. Seguramente que él no habría resistido si su fiel esposa no hubiese conseguido permiso del carcelero para, en la obscuridad de la noche, llevarle comida y consolarlo con palabras de esperanza.

Un día, sin embargo, ella no apareció; su ausencia se prolongó durante veinte largos días. Al reaparecer, traía en los brazos una criaturita recién nacida.

Judson, cuando salió libre, se apresuró t̶ pudo para llegar a casa, pero tenía las pi̶ peadas por el largo tiempo que había ̶ cárcel. ¡Hacía muchos días que no recibía noticias de su querida Ana! ¿Vivía ella todavía? Por fin la encontró, aún con vida, pero con fiebre y próxima a morir.

En esa ocasión ella se recuperó, pero antes de completar 14 años en Birmania, falleció. Conmueve el alma leer la dedicación que Ana de Judson tuvo a su marido, así como la parte que desempeñó en la obra de Dios y en su hogar hasta el día de su muerte.

Algunos meses después de la muerte de la esposa de Judson, su hija también murió. Durante los seis largos años siguientes trabajó solo. Luego se casó con la viuda de otro misionero. La nueva esposa que gozaba los frutos de los incesantes esfuerzos que habían realizado en Birmania, se mostró tan solícita y cariñosa como Ana.

Judson perseveró durante veinte años para completar la mayor contribución que se podía hacer a Birmania: la traducción de la Biblia entera a la propia lengua del pueblo.

Después de trabajar con tesón en el campo extranjero durante treinta y dos años, para salvar la vida de su esposa, embarcó con ella y tres de los hijos, de regreso a América, su tierra natal. No obstante, en vez de mejorar de la enfermedad que sufría, como se esperaba, ella murió durante el viaje, y fue enterrada en Santa Helena, donde el navío aportó. ¿Quién podría describir lo que Judson sintió al desembarcar en los Estados Unidos, cuarenta y cinco días después de la muerte de su querida esposa?

Judson que durante tantos años había estado ausente de su tierra, se sentía ahora desconcertado por el recibimiento que le daban en las ciudades de su país. Se sorprendió, después de desembarcar, al verificar que todas las casas se abrían para recibirlo. Su nombre era conocido por todos. Grandes multitudes afluían para oírlo predicar. Sin embargo, después de haber pasado treinta y dos años en Birmania, ausente de su país, naturalmente, se sintió extranjero en su tierra natal y no quería levantarse delante del público para hablar en la lengua materna. Además, sufría de los pulmones y era necesario que otro repitiese al auditorio lo que él apenas podía decir balbuceando.

Se cuenta que cierto día en un tren, entró un vendedor de periódicos. Judson aceptó uno y distraído comenzó a leerlo; el pasajero que estaba a su lado le llamó la atención diciéndole que el muchacho aún estaba esperando que le pagase los 5 centavos que costaba el periódico. Mirando al vendedor, le pidió disculpas diciéndole que había creído que el periódico lo ofrecían gratis, pues él se había acostumbrado a distribuir mucha literatura en Birmania, durante muchos años, sin cobrar un centavo.

Apenas había pasado ocho meses entre sus compatriotas cuando se casó de nuevo, y embarcó por segunda vez para Birmania. continuó su obra en aquel país, incansablemente, hasta alcanzar la edad de sesenta y un años. Judson recibió el llamado para estar con su Maestro mientras viajaba lejos de la familia. Conforme a su deseo, fue sepultado en alta mar.

Adoniram Judson acostumbraba pasar mucho tiempo orando de madrugada y de noche. Se dice que él gozaba de la más íntima comunión con Dios cuando caminaba apresuradamente. Sus hijos, al oír sus pasos firmes y resueltos dentro del cuarto, sabían que su padre estaba elevando sus plegarias al trono de la gracia. Su consejo era: "*Planifica tus asuntos, si te es posible, de manera que puedas pasar de dos a tres horas, todos los días, no solamente adorando a Dios, sino orando en secreto.*"

Su esposa cuenta que, durante su última enfermedad, antes de fallecer, ella le leyó la noticia de cierto periódico, referente a la conversión de algunos judíos en la Palestina, justamente donde Judson había querido ir a trabajar antes de ir a Birmania. Esos judíos, después de leer la historia de los sufrimientos de Judson en la prisión de Ava, se sintieron inspirados a pedir también un misionero, y así fue como se inició una gran obra entre ellos.

Al oír eso, los ojos de Judson se llenaron de lágrimas. Con el semblante solemne y la gloria de los cielos estampada en el rostro, tomó la mano de su esposa y le dijo: "Querida, esto me espanta. No lo comprendo. Me refiero a la noticia que leíste. Nunca oré sinceramente por algo y que no lo recibiese, pues aunque tarde, siempre lo recibí, de alguna manera, tal vez en la forma menos esperada, pero siempre llegó a mí. Sin embargo, respecto a este asunto ¡yo tenía tan poca fe! Que Dios me perdone y si en su gracia me quiere usar como su instrumento, que limpie toda la incredulidad de mi corazón."

En esta historia se nota otro hecho glorioso: Dios no solamente concede frutos por los esfuerzos de sus siervos, sino también por sus sufrimientos. Por muchos años, hasta poco antes de su muerte, Judson consideró los largos meses de horrores de la prisión en Ava enteramente perdidos para la obra misionera.

Al comienzo de su trabajo en Birmania, Judson concibió la idea de evangelizar por último a todo el país. Su mayor esperanza era ver durante su vida, una iglesia de cien birmanos salvos y la Biblia impresa en la lengua de ese país. Sin embargo, en el año de su muerte había sesenta y tres iglesias y más de siete mil bautizados, los cuales eran dirigidos por un número total de 163 misioneros, pastores y auxiliares. Las horas que pasó diariamente suplicando a Dios, que da más abundantemente de lo que pedimos o entendemos, no fueron perdidas.

Durante los últimos días de su vida se refirió muchas veces *al amor de Cristo*. Con los ojos iluminados y las lágrimas corriéndole por el rostro, exclamaba: "¡Oh, el amor de Cristo! ¡El maravilloso amor de Cristo, la bendita obra del amor de Cristo!" En cierta ocasión él dijo: "Tuve tales visiones del amor condescendiente de Cristo y de las glorias de los cielos, como pocas veces, creo, son concedidas a los hombres. ¡Oh, el amor de Cristo! Es el misterio de la inspiración de la vida y la fuente de la felicidad en los cielos. ¡Oh, el amor de Jesús! ¡No lo podemos comprender ahora, pero qué magnífica experiencia será para toda la eternidad!"

Hemos añadido aquí el último párrafo de la biografía de Adoniram Judson escrita por uno de sus hijos. ¿Quién puede leerlo sin sentir que el Espíritu Santo lo anima a tomar parte activa en llevar el evangelio a uno de los muchos lugares que aún no lo tienen?

Se dice que el corazón del héroe escocés Bruce fue embalsamado después de su muerte y guardado en un cofrecito de plata. Cuando sus descendientes estaban luchando en una batalla que parecía perdida, el general lanzó ese corazón entre el ejército enemigo. Al ver esto, las tropas escocesas lucharon reñida e invenciblemente a fin de recobrar la reliquia. Ciertamente el cristianismo nunca se retirará de las tumbas de sus muertos en los países paganos. Hasta aquel día en que toda rodilla se doblará ante el Señor Jesús, los corazones creyentes serán inducidos a realizar los mayores esfuerzos por el recuerdo de Ana Judson, enterrada debajo del *hopiaá* (un árbol) en Birmania; de Sara Judson, cuyo cuerpo descansa en la isla pedregosa de Santa Helena, y de Adoniram Judson, sepultado en las aguas del océano Indico.

# CARLOS FINNEY

## Apóstol de avivamientos

## 1792-1875

En el siglo diecinueve había, cerca de la aldea de New York Mills, una fábrica de tejidos, movida por la fuerza de las aguas del río Oriskany. Cierta mañana los operarios conversaban, conmovidos, sobre el poderoso culto de la noche anterior, celebrado en el edificio de la escuela pública.

Poco después de comenzar a oírse el ruido de las máquinas, el predicador, un joven alto y atlético, entró en la fábrica. El poder del Espíritu Santo todavía permanecía sobre él. Al verlo, los operarios sintieron la culpa de sus pecados, al extremo de tener que hacer grandes esfuerzos para poder continuar trabajando. Al pasar cerca de dos muchachas que trabajaban juntas, una de ellas en el momento que enmendaba un hilo, fue presa de tan fuerte convicción que cayó al suelo llorando. Instantes después, casi todos los que estaban alrededor tenían lágrimas en los ojos, y en pocos minutos, el avivamiento pasó a todas las dependencias de la fábrica.

El director, viendo que los operarios no podían trabajar, creyó que sería mejor que cuidasen de la salvación del alma, y ordenó que parasen las máquinas. La compuerta de las aguas se cerró y los operarios se reunieron en un salón del edificio. El Espíritu Santo obró entonces con gran poder y en pocos días casi todos ellos se convirtieron.

Se dice acerca de este predicador, que se llamaba Carlos Finney, que después de predicar en Governeur, en el Estado de Nueva York, no hubo baile ni representación de teatro en la ciudad durante seis años. Se calcula que durante los dos años de 1857 y 1858 más de cien mil personas se ganaron para Cristo, debido a la obra directa e indirecta de Finney.

Su autobiografía es uno de los más maravillosos relatos de manifestaciones del Espíritu Santo, exceptuando el libro de los Hechos de los Apóstoles; algunos consideran el libro de Finney, "Teología sistemática", una de las obras más importantes sobre teología, exceptuando, es claro, las Sagradas Escrituras.

¿Cómo se explica su éxito tan rotundo en los anales de los siervos de la Iglesia de Cristo? Sin duda, su notable éxito era, ante todo, el resultado de su profunda conversión.

Nació en el seno de una familia descreída y se crió en un lugar donde los miembros de la iglesia conocían únicamente la fría formalidad de los cultos. Finney era abogado; al encontrar en sus libros de jurisprudencia muchas citaciones de la Biblia, compró un ejemplar, con la intención de conocer las Escrituras. El resultado fue que después de la lectura encontró mayor interés en los cultos de los creyentes. Acerca de su conversión él relata, en su autobiografía, lo siguiente:

"Al leer la Biblia, al asistir a las reuniones de oración y al oír los sermones del señor Gale, me di cuenta de que yo no estaba preparado para entrar a los cielos. . . Quedé impresionado especialmente con el hecho de que las oraciones de los creyentes, semana tras semana, no son contestadas. Leí en la Biblia: 'Pedid, y se os dará; buscad, y hallaréis; llamad, y se os abrirá.' Leí también que Dios está más dispuesto a dar el Espíritu Santo a los que se lo pidan, que los padres terrenales a dar buenas cosas a sus hijos. Oía cómo los creyentes pedían un derramamiento del Espíritu Santo, y luego confesaban que no lo habían recibido.

"Se exhortaban unos a otros a avivarse y pedir en sus oraciones un derramamiento del Espíritu de Dios, y afirmaban que de esa manera habría un avivamiento con la conversión de pecadores... Pero al seguir leyendo la Biblia, comprendí que las oraciones de los creyentes no recibían respuesta porque no tenían fe, es decir, no esperaban que Dios les daría lo que pedían... Sin embargo, eso me hizo sentir un gran alivio con respecto a la veracidad del evangelio... y quedé convencido de que la Biblia, a pesar de todo, es la verdadera Palabra de Dios.

"Fue en un domingo del año 1821 que me propuse sinceramente resolver el problema de la salvación de mi alma y estar en paz con Dios. Reconocí las grandes responsabilidades que tenía como abogado y resolví seguir rigurosamente la determinación de ser salvo. Por la Providencia divina no estuve muy ocupado ni el lunes ni el martes, por lo que pude pasar la mayor parte del tiempo leyendo la Biblia y orando.

"Pero al encarar la situación resueltamente, no tuve el suficiente coraje para ponerme a orar sin antes tapar el hueco de la cerradura de la puerta. Antes yo dejaba la Biblia abierta sobre la mesa junto con los demás libros y no me avergonzaba de leerla delante de otras personas. Pero entonces, si entrase alguien, yo colocaría un libro abierto sobre la Biblia para esconderla.

"Durante el lunes y el martes mi convicción aumentó, pero parece que mi corazón se endureció. No podía ni llorar, ni orar. . . El martes por la noche me sentí muy nervioso y tuve la impresión de estar cerca de la muerte. Estaba seguro que si muriese, iría al infierno.

"Muy temprano salí para mi oficina. . . Parecía que una voz me preguntaba: '¿Por qué esperas? ¿No prometiste dar tu corazón a Dios? ¿Qué es lo que intentas hacer: alcanzar la justificación por tus obras?' Fue entonces que percibí claramente, como lo veo ahora, la realidad y la plenitud de la propiciación de Cristo. Vi que su obra era completa y, en vez de necesitar de una justicia propia para que Dios me aceptara, tenía que sujetarme a la justicia de Dios por intermedio de Cristo. . . Sin saberlo, me quedé inmóvil por algún tiempo en medio de la calle, en el mismo lugar donde la voz interior se dirigió a mí. Entonces me asaltó una pregunta: '¿Lo aceptarás ahora, hoy?' Repliqué: 'Lo aceptaré hoy o me esforzaré hasta morir. . .' En vez de ir a la oficina, me volví para entrar en el bosque, donde podía expresar mis sentimientos sin pena, sin que nadie me viera ni me oyese.

"Sin embargo, mi orgullo continuaba manifestándose; pasé por encima de una elevación del terreno y anduve furtivamente por detrás de una cerca para que nadie me viese y pensase que iba a orar. Me interné en el bosque y caminé cerca de medio kilómetro, hasta que encontré un lugar más escondido entre algunos árboles caídos. Al entrar allí, me dije: 'Entregaré mi corazón a Dios, o de lo contrario no saldré de aquí.'

"Pero al intentar orar, mi corazón se resistía. Yo había pensado que una vez que estuviese completamente solo, donde nadie pudiese oírme, podría orar libremente. Sin embargo, al tratar de hacerlo, descubrí que no tenía nada que decir a Dios. Cada vez que in-

tentaba orar, me parecía oír que alguien se aproximaba.

"Por último, llegué casi a desesperarme. Mi corazón
estaba muerto para con Dios y no quería orar.
Entonces me reproché por haberme comprometido a
entregar mi corazón a Dios antes de salir del bosque.
Comencé a creer que Dios ya me había abandonado... Me sentí tan débil que no pude continuar
arrodillado.

"Fue justamente en ese momento que creí oír de
nuevo que alguien se aproximaba y abrí los ojos para
ver. Luego me fue revelado que el orgullo de mi
corazón era la barrera que había entre mí y mi
salvación. Quedé vencido por la convicción del gran
pecado de avergonzarme de que alguien me encon-
trase de rodillas ante Dios, y grité en alta voz que no
abandonaría el lugar, aun cuando todos los hombres
de la tierra y todos los demonios del infierno me
rodeasen. Grité: '¡Vaya, un vil pecador como yo, de
rodillas ante el gran y santo Dios, estoy confesándole
mis pecados, y me avergüenzo de El ante el prójimo,
que es un pecador como yo, porque me encuentro de
rodillas buscando la paz con mi Dios ofendido!' El
pecado me parecía horrendo, infinito. Quedé quebrantado hasta el polvo delante del Señor.

"En ese instante el siguiente versículo me iluminó:
'Entonces me invocaréis, y vendréis, y oraréis a mí, y
yo os oiré; y me buscaréis y me hallaréis, porque me
buscaréis de todo vuestro corazón.'

"Continué orando y recibiendo promesas, y apro-
piándome de ellas no sé por cuánto tiempo. Oré hasta
que sin saber cómo, me vi regresando al camino.
Recuerdo que me dije a mí mismo: 'Si llego a
convertirme, predicaré el evangelio.'

"En el camino, de regreso a la aldea, tuve conciencia de una paz muy dulce y una gloriosa calma. '¿Qué

es esto?' me pregunté a mí mismo. '¿Acaso entristecí al Espíritu Santo hasta hacerlo alejar de mí? No siento más ninguna convicción. . .' Entonces recordé lo que le había dicho a Dios, que iba a confiar en su Palabra. . . La calma de mi espíritu era indescriptible. . . Fui a almorzar, pero no tenía apetito. Fui a mi oficina, pero mi socio no había vuelto del almuerzo. Comencé a tocar la música de un himno en el contrabajo, como de costumbre. Sin embargo, al comenzar a cantar las palabras sagradas, mi corazón parecía derretirse, y sólo podía llorar. . .

"Al entrar y cerrar la puerta tras de mí, me pareció encontrarme con el Señor Jesucristo cara a cara. No se me ocurrió ni entonces ni hasta después de algún tiempo, que ésa fuera únicamente una concepción mental. Al contrario, me parecía haberme encontrado con El, como me encuentro con cualquier persona. El no me dijo nada, pero me miró de tal manera que quedé quebrantado y postrado a sus pies. Eso para mí fue y ha sido siempre una experiencia extraordinaria, porque me pareció una realidad, como si El mismo estuviese allí de pie delante de mí y yo me postrase a sus pies y le derramase mi alma. Lloré en alta voz y me confesé como me fue posible, entre sollozos. Me parecía que lavaba sus pies con mis lágrimas; no obstante, sin sentir que tocase al Señor. . .

"Al darme vuelta para sentarme, recibí el poderoso bautismo en el Espíritu Santo. Sin esperarlo, sin siquiera saber que hubiese tal cosa para mí, el Espíritu Santo descendió de tal manera sobre mí, que parecía llenarme el alma y el cuerpo. Lo sentí como una onda eléctrica que me traspasaba repetidas veces. De hecho, me parecían ondas de amor líquido: no sabría describirlas de otra manera. Parecía el propio hálito de Dios.

"No existen palabras para describir el maravilloso

amor que recibí en mi corazón. Lloré de tanto gozo y amor que sentí; creo que sería mejor decir que expresé, llorando en voz alta, el gozo indecible de mi corazón. Aquellas ondas de amor pasaron sobre mí una tras otra, hasta que clamé: 'Moriré si estas ondas continúan pasando sobre mí. ¡Señor, no soporto más!' Sin embargo, yo no tenía miedo a la muerte.

"No sé por cuánto tiempo ese bautismo siguió pasando sobre mí y por todo mi ser. Lo que sí sé es que ya había caído la noche cuando el director del coro vino a la oficina a visitarme. Me encontró en ese estado de llanto y gritando, por lo que me preguntó: 'Señor Finney; ¿qué tiene?' Por algún tiempo no pude responderle. Volvió entonces a preguntarme: '¿Está sintiendo algún dolor?' Con dificultad le respondí: 'No, pero me siento demasiado feliz para vivir.'

"Salió y en breve volvió acompañado por uno de los ancianos de la iglesia. Ese anciano siempre fue un hombre de espíritu mesurado que casi nunca se reía. Al entrar, me encontró más o menos en el mismo estado que me encontró el joven que lo fue a llamar. Quiso saber lo que yo sentía, y comencé a explicarle. Pero en vez de responderme, se puso a reír con una risa espasmódica, incontenible, que no podía evitar, porque procedía del fondo de su corazón.

"En ese momento entró un joven que había comenzado a frecuentar los cultos de la iglesia. Presenció todo por algunos momentos, y luego cayó al suelo sintiendo una grande angustia en su alma y clamando: '¡Oren por mí!' "

El anciano de la iglesia y el otro creyente oraron, y después Finney también oró. Poco después todos se retiraron dejando a Finney solo.

Al acostarse para dormir, Finney se adormeció, pero luego despertó debido al amor que le rebosaba del corazón. Eso le sucedió repetidas veces durante la noche. El escribió después sobre lo sucedido lo siguiente:

"Cuando me desperté por la mañana, la luz del sol penetraba en mi aposento. No encontraba palabras para expresar mis sentimientos al ver la luz del sol. En ese mismo instante el bautismo del día anterior volvió sobre mí. Me arrodillé al lado de la cama y lloré del gozo que sentía. Pasé mucho tiempo sin poder hacer nada sino derramar mi alma delante de Dios."

Durante el día la gente se ocupó en hablar de la conversión del abogado. Al anochecer, sin que se hubiese anunciado ningún culto, se congregó una gran multitud en el templo. Cuando Finney narró lo que Dios había hecho en su alma, muchas personas se conmovieron profundamente; uno de los presentes sintió tanta convicción, que volvió a su casa olvidando el sombrero.

Cierto abogado afirmó: "No hay duda de que él es sincero, pero también es evidente que él enloqueció." Finney habló y oró con toda libertad. Durante algún tiempo se realizaron cultos todas las noches, con la asistencia de personas pertenecientes a todas las clases sociales. Ese gran avivamiento se esparció por muchos lugares vecinos.

Respecto de ese acontecimiento escribió: "Por ocho días (después de su conversión) mi corazón permaneció tan lleno, que no sentía deseos ni de comer ni de dormir. Era como si tuviese un manjar para comer que el mundo no conocía. No sentía necesidad de alimentarme ni de dormir. . . Por fin, me di cuenta de que debía comer como de costumbre y dormir cuanto me fuese posible.

"Un gran poder acompañaba a la Palabra de Dios; todos los días me admiraba al notar cómo pocas palabras dirigidas a una persona, le traspasaba el corazón como una flecha.

"No demoré mucho en ir a visitar a mi padre. El no era salvo; el único miembro de la familia que profesaba la religión era mi hermano menor. Mi padre me recibió en la puerta de entrada y me preguntó: '¿Cómo estás, Carlos?' Le respondí: 'Bien, padre mío, tanto de cuerpo como de alma. Pero, papá, tú ya estás entrado en años; todos tus hijos ya son adultos y están casados; sin embargo, nunca oí a nadie orar en tu casa.' El bajó la cabeza y comenzó a llorar, diciendo: 'Es verdad, Carlos; entra y ora tú mismo.'

"Entramos y oramos. Mis padres quedaron muy conmovidos, y no mucho después, se convirtieron. Si mi madre había alimentado alguna esperanza antes, nadie lo sabía."

Fue así como ese abogado, Carlos G. Finney, perdió todo el gusto por su profesión y se convirtió en uno de los más famosos predicadores del evangelio. Sobre su método de trabajo él escribió:

"Di un gran énfasis a la oración, porque la consideraba indispensable, si realmente queríamos un avivamiento. Me esforzaba por enseñar la propiciación de Jesucristo, su divinidad, su misión divina, su vida perfecta, su muerte vicaria, su resurrección, el arrepentimiento, la fe, la justificación por la fe y otras doctrinas, las cuales tomaban vida mediante el poder del Espíritu Santo.

"Los medios empleados eran simplemente la predicación, los cultos de oración, mucha oración en secreto, evangelización personal intensiva y cultos para la instrucción de los interesados.

"Yo tenía la costumbre de pasar mucho tiempo orando; creo que a veces oraba realmente *sin cesar*. También vi que era muy provechoso observar frecuentemente días enteros de ayuno en secreto. En esos días, a fin de estar completamente solo con Dios, me iba al bosque, o me encerraba dentro del templo. . ."

A continuación podemos ver cómo Finney y su compañero de oración, el hermano Nash "bombardeaban" los cielos con sus oraciones:

"Casi a un kilómetro de distancia de la residencia del señor S. . . vivía cierto adepto del universalismo. Debido a sus preconceptos religiosos rehusaba asistir a los cultos. Cierta vez el hermano Nash, que estaba hospedado conmigo en la casa del señor S. . . se retiró al bosque, para luchar en oración, solo, bien temprano de madrugada, según era su costumbre. En esa ocasión la mañana estaba tan serena que podía oírse cualquier sonido a gran distancia. El universalista al levantarse de madrugada, salió de casa y oyó la voz de quien oraba. Después dijo que percibió que se trataba de una oración, a pesar de que no llegó a comprender muchas de las palabras, pero sí reconoció quién oraba. Aquello le traspasó el corazón como una flecha. Sintió la realidad de la religión como nunca. La flecha permanecía en su corazón, y sólo encontró alivio creyendo en Cristo."

Respecto al espíritu de oración, Finney afirmó que "era común en esos avivamientos que los recién convertidos se sintiesen llevados del deseo de orar, hasta el punto de orar durante noches enteras, hasta faltarles las fuerzas físicas. El Espíritu Santo constreñía grandemente el corazón de los creyentes, y sentían constantemente la responsabilidad por la salvación de las almas inmortales. La seriedad de sus pensamientos se manifestaba en el cuidado con que hablaban y se comportaban. Era muy común encontrar creyentes reunidos en un lugar, arrodillados orando, en vez de estar platicando."

En cierta época en que las nubes de la persecución eran cada vez más negras, Finney, como era su costumbre en tales circunstancias, se sintió guiado a disiparlas, orando. En vez de enfrentar las acusaciones hablando en público o en privado, él oraba. Acerca de su experiencia, él escribió: "Alcé mis ojos a Dios con gran anhelo, día tras día, rogándole que me mostrase el plan que debía seguir, y me concediese la gracia para soportar la borrasca... El Señor me mostró en una visión lo que tenía que enfrentar. El se acercó tanto a mí mientras yo oraba, que mi carne literalmente se estremecía sobre mis huesos. Temblaba de la cabeza a los pies, con pleno conocimiento de la presencia de Dios."

Añadimos a continuación otro ejemplo, que copiamos de su autobiografía, de la manera en que el Espíritu Santo obraba en su predicación:

"Al llegar a la hora anunciada para iniciar el culto, encontré el edificio de la escuela tan repleto de gente, que tuve que quedarme en pie cerca de la entrada. Cantamos un himno, es decir, la gente pretendía cantarlo. Sin embargo, como no estaban acostumbrados a cantar los himnos de Dios, cada uno gritaba como le parecía. No pude contenerme y me tiré de rodillas y comencé a orar. El Señor abrió las ventanas de los cielos, derramó el espíritu de oración y yo me puse a orar con toda mi alma.

"No escogí ningún texto en particular, pero, al ponerme de pie, les dije: 'Levantaos, salid de este lugar; porque Jehová va a destruir esta ciudad.' Añadí, que había cierto hombre que se llamaba Abraham, otro llamado Lot... les conté entonces cómo Lot se mudó para Sodoma... un lugar que era excesivamente corrompido... Dios resolvió destruir la ciudad y Abraham oró por Sodoma. Pero los ángeles encontraron solamente un justo allí, cuyo nombre era Lot. Los ángeles dijeron: '¿Tienes aquí alguno más? Yernos, y tus hijos y tus hijas, y todo lo que tienes en la ciudad, sácalo de este lugar; porque vamos a destruir este lugar, por cuanto el clamor contra ellos ha subido de punto delante de Jehová; por tanto, Jehová nos ha enviado para destruirlo.'

"Al relatar yo esto, los oyentes se enojaron hasta el punto que me habrían azotado. En ese momento dejé de predicar y les expliqué que me había dado cuenta de que allí no se celebraba nunca ningún culto y que tenía el derecho de considerarlos corrompidos. Destaqué eso con más y más énfasis y, con el corazón lleno de amor, hasta no poder ya contenerme más.

"Después de hablarles de esa manera durante unos quince minutos, pareció envolver a los oyentes una tremenda solemnidad y comenzaron a caer al suelo, clamando y pidiendo misericordia. Si yo hubiese tenido en cada mano una espada, no habría podido derribarlos tan prontamente como iban cayendo. En efecto, dos minutos después de que los oyentes sintieron el impacto del Espíritu Santo al caer sobre ellos, casi todos estaban caídos de rodillas o postrados en el suelo. Todos los que podían articular palabras, oraban por sí mismos.

"Tuve que dejar de predicar porque los oyentes no prestaban mas atención. Vi al anciano que me había invitado a predicar, sentado en medio del salón, mirando a su alrededor, estupefacto. Grité bien alto para que él me oyese, porque había mucho ruido, y le pedí que orase. El cayó de rodillas y comenzó a orar con voz retumbante, pero la gente no le prestó ninguna atención. Entonces grité: — ustedes no están todavía en el infierno; quiero guiarlos a Cristo. . . — Mi corazón rebosaba de gozo al presenciar semejante escena. Cuando pude dominar mis sentimientos, me volví hacia un muchacho que estaba cerca de mí, conseguí llamar su atención y prediqué a Cristo, en voz bien alta, en su oído. Luego, al contemplar la cruz de Cristo, él se calmó por un momento y comenzó a orar fervorosamente por los otros. Después hice lo mismo con otra persona, y luego con otra y otra, y así continué ayudándolos hasta la hora del culto de la noche en la aldea. Dejé al anciano que me había invitado a predicar allí, para que continuase la obra con los que oraban.

"Al volver, había todavía tantos clamando a Dios, que no podíamos clausurar la reunión, la cual continuó durante el resto de la noche. Al amanecer el día, algunos todavía permanecían con el alma herida. No se podían levantar y, para dar lugar a las clases, fue necesario llevarlos a una residencia no muy distante. En la tarde me mandaron a llamar porque el culto aún no había terminado.

"Sólo en esta ocasión llegué a saber la razón de por qué mi mensaje había enfadado al auditorio. Aquel lugar se lo conocía con el nombre de 'Sodoma', y en él habitaba un solo hombre piadoso, a quien el pueblo llamaba 'Lot'. El era el anciano que me había invitado a predicar."

Ya anciano, Finney escribió acerca de lo que el Señor había hecho en "Sodoma": "A pesar de que el avivamiento cayó tan repentinamente sobre ellos, el mismo fue tan radical, que las conversiones fueron profundas y la obra realizada, permanente y genuina. Nunca oí ningún comentario desfavorable al respecto."

No fue solamente en la América del Norte que Finney vio al Espíritu Santo caer sobre los oyentes y postrarlos en tierra. En Inglaterra, durante los nueve meses de evangelización allí, grandes multitudes — en cierta ocasión, más de dos mil personas de una sola vez — se postraron también mientras él predicaba.

Algunos predicadores confían en la instrucción e

ignoran la obra del Espíritu Santo. Otros, con razón, rechazan tal ministerio infructífero y carente de gracia; oran para que el Espíritu Santo se haga cargo, y se regocijan con el gran progreso de la obra de Dios. Pero otros más, como Finney, se dedican a buscar el poder del Espíritu Santo, sin despreciar la ayuda de la instrucción, obteniendo con ello resultados increíblemente más grandes.

Durante los años de 1851 a 1866, Finney fue director del colegio de Oberlin y enseñó a un total de 20 mil estudiantes. El daba más énfasis a la pureza del corazón y al bautismo en el Espíritu Santo, que a la preparación del intelecto. De Oberlin salió una corriente continua de alumnos llenos del Espíritu Santo. Así, después de años de intensivo evangelismo y debido a sus esfuerzos realizados en el colegio, "en 1857, Finney veía la conversión a Dios de unas cincuenta mil almas todas las semanas" (*By my Spirit*, Jonatán Goforth, pág. 183). Los diarios de Nueva York, a veces casi no publicaban otras noticias, sino las del avivamiento.

Sus lecciones a los creyentes sobre avivamiento se publicaron primero en un periódico y después en un libro de 445 páginas que se tituló: "Discursos sobre avivamientos." Las primeras dos ediciones, de 12 mil ejemplares, se vendieron acabadas de salir de la prensa. Se imprimieron otras ediciones en varios idiomas. Una sola casa editora de Londres publicó 80 mil ejemplares. Entre sus otras obras de circulación mundial se cuentan las siguientes: su "Autobiografía", "Discursos a los creyentes", y "Teología sistemática".

Los convertidos en los cultos de Finney eran constreñidos por la gracia de Dios a ir de casa en casa para ganar almas. El mismo se esforzó en preparar el mayor número de obreros en el colegio Oberlin. Pero el deseo que ardía siempre en todo lo que hacía, era transmitir a todos el espíritu de oración. Predicadores como Abel Cary y el Padre Nash viajaban con él, y mientras él predicaba, ellos continuaban postrados orando. Son de él las palabras siguientes:

"Si yo no tenía el espíritu de oración, no conseguía nada. Si por un día, o por una hora, yo perdía el espíritu de gracia y de súplicas, no podía predicar con poder y obtener resultados, y ni siquiera ganar almas personalmente."

Para que nadie juzgue que su obra fue superficial, citamos a otro escritor: "Se descubrió mediante una investigación a fondo, que más de 85 de cada cien personas que se convirtieron debido a la predicación de Finney, permanecieron fieles a Dios, mientras que 75 de cada cien personas que se convirtieron en los cultos de algunos de los más importantes predicadores, luego se desviaron. Parece que Finney tenía el poder de impresionar la conciencia de los hombres respecto a la necesidad de vivir en santidad, de tal manera que produjo frutos más permanentes." (*Deeper Experiences of Famous Christians*, pág. 243).

Finney continuó inspirando a los estudiantes del colegio Oberlin hasta su muerte, a los 82 años. Hasta el fin su mente permaneció tan clara como cuando era joven y su vida nunca pareció tan rica en el fruto del Espíritu y en la belleza de su santidad, como en esos últimos años. El domingo 16 de agosto de 1875 predicó su último sermón. Pero no asistió al culto de la noche. Sin embargo, al oír que los creyentes cantaban "Jesús, amante de mi alma, déjame volar a tu regazo", salió hasta la entrada de la casa y cantó, junto con los que él tanto amaba. Esa fue la última vez que cantó en la tierra. A medianoche se despertó sintiendo dolores punzantes en el corazón. De esos dolores había sufrido muchas veces durante su vida.

Sembró las semillas de avivamiento y las regó con sus lágrimas. Todas las veces que recibió el fuego de la mano de Dios, fue con sufrimiento. Finalmente, antes del amanecer, se durmió en la tierra, para despertar en la gloria de los cielos. Faltaban solamente trece días para que cumpliera sus 83 años de vida aquí en la tierra.

# EL SALVADOR ESPERA
## Y
# EL MUNDO CARECE

"Fue cuando Stanley Smith y Carlos Studd se hospedaban en nuestra casa que inicié la etapa más importante de mi vida. Anteriormente yo había sido un creyente precipitado e inconstante; unas veces ardía de entusiasmo, para después estar triste y desanimado durante días enteros. Percibí que esos dos jóvenes poseían algo que yo no tenía, algo que era para ellos una fuente perenne de serenidad, fortaleza y gozo. Nunca me olvidaré de una mañana del mes de noviembre. Nacía en ese momento el sol y su luz penetraba por la ventana iluminando mi aposento, donde yo me encontraba meditando sobre las Escrituras desde la madrugada. La plática que tuve entonces con aquellos dos jóvenes fue suficiente para influir el resto de mi vida. ¿Acaso no debía yo hacer lo mismo que ellos habían hecho?

"No debía ser yo también un vaso, aunque sea de barro, para el uso del Maestro?"

Así escribió el amado y santo predicador F. B. Meyer, sobre el cambio de su vida que dio tanta gloria a Cristo en la tierra.

Hemos acabado la lectura de las biografías de algunos de los más importantes siervos de Dios. ¿No sería bueno volver a leer y meditar sobre la vida fiel de Savonarola, la estupenda obra de Lutero, el celo incansable de Wesley, el gran avivamiento de Edwards. . . en fin, sobre cada historia? ¿No deberíamos dejar que cada uno de esos grandes cristianos se "hospeden" con nosotros, como Stanley Smith y Carlos Studd en casa de F. B. Meyer, para que nos hablen y ejerzan influencia sobre nosotros, transformando milagrosamente el resto de nuestra vida?

Eso es lo que el Salvador espera y de lo que el mundo carece.

# enriquezca su vida

Por medio de la lectura de buenos libros usted puede adquirir instrucción, estímulo y entendimiento espiritual. ¡Que riqueza!... Editorial Vida se la quisiera proporcionar.

En las siguientes páginas se describen excelentes libros que hemos publicado para su inspiración.

## con libros de

### EDITORIAL Vida

# La fe en acción
# equivale a provisión

Esta es la fascinante biografía de un hombre joven e inquieto
absorto en los placeres de este mundo y el relato de cómo el poder
de Dios lo transformó. Logró realizar la visión que Dios había puesto
en su corazón: el de establecer un orfanato. La lectura de este libro
aumentará su fe al ver cómo Jorge Müller se atrevió a confiar en Dios
para suplir las necesidades de muchísimos huérfanos.

# El poderoso testimonio de un misionero

La vida de este siervo escogido da un glorioso testimonio de Dios. Desde su temprana edad en Inglaterra hasta los años cuando fundó una misión en la China su vida fue llena de aventuras espirituales. El venció dificultades como pocos hombres han sufrido, dependiendo de Dios para suplir las necesidades de 1.200 misioneros sin pedir ayuda económica. Su hijo y su nuera revelan en este libro el secreto de la fortaleza espiritual de la vida de Taylor.